마지막 시대 배도의 정체를 밝히는 책

무너진 교회 개정판

KB191847

무너진 교회 개정판

발 행 일 2017년 5월 26일
지 은 이 박 길 서
펴 낸 이 손 형 국
펴 낸 곳 ㈜북랩
편 집 인 선일영   편 집 이종무, 유재숙, 권혁신, 송재병, 최예은
디 자 인 이현수, 이정아, 김민하, 한수희   제 작 박기성, 황동현, 구성우
마 케 팅 김회란, 박진관
출판등록 2004. 12. 1(제2012-000051호)
주   소 서울시 금천구 가산디지털 1로 168, 우림라이온스밸리 B동 B113, 114호
홈페이지 www.book.co.kr
전화번호 (02)2026-5777   팩 스 (02)2026-5747

ISBN   979-11-5987-545-8 03230(종이책) 979-11-5987-546-5 05230(전자책)

이 도서의 국립중앙도서관 출판예정도서목록(CIP)은 서지정보유통지원시스템 홈페이지(http://seoji.nl.go.kr)와
국가자료공동목록시스템(http://www.nl.go.kr/kolisnet)에서 이용하실 수 있습니다.
(CIP제어번호 : CIP2017012089)

마지막 시대
배도의 정체를
밝히는 책

무너진 교회

박길서 지음

개 정 판

북랩 book Lab

시작하기 전에

필자가 『무너진 교회』를 낸 지 5년이 흘렀다. 그 동안 많은 독자로부터 사랑을 받고 여러 곳에서 강의를 할수록 나의 마음은 착잡하기 그지없었다. 대부분의 교회나 성도들이 배도에 대한 무서움과 현실에 나타난 배도의 정체에 대해 기초적인 지식조차 없었고 목회자들 또한 마찬가지였다.

이미 사탄의 무서운 덫 아래 배도의 달콤한 유혹을 받아들여 자신이 배도하고 있음에도 전혀 알지 못하는 현실이 너무 안타까워 말할 수 없는 탄식으로 배도의 무서움을 피력했으나, 배도에 이미 물든 우리 교회의 현실은 오히려 필자를 좀 이상한 듯이 바라보는 눈치도 피할 수 없었다. 그도 그럴 것이 배도에 대한 현실교회의 모습을 자주 듣는 우리 교회 성도들조차 그 심각성을 올바로 이해하지 못하는 모습인데, 하물며 여기에 대해 전혀 알지 못하는 타 교회 성도들이야 오죽하겠는가.

오랜 시간을 고민하면서 기도하고 또 기도해 보았지만 마음의 짐들은 가시지를 않고 무너지는 교회의 암울한 이야기들만 곳곳에서 들려오니 이 노릇을 어이해야 할지.

필자가 저술한 『무너진 교회』를 찾는 분들이 많이 있었지만 모두 소진되어 책을 재판해서 알려드리겠다고 약속만 한 채 몇 년의 세월이 흘렀다. 독자들과의 약속을 지키지 못해 늘 마음 한 구석에 짐으로 남아 있던 중, 나의 주변 분들이 배도에 물든 잘못된 교회에 미혹되어 자신이 다니던 교회를 떠나 배도의 교회로 이동해 버리는 무서운 현실을 보고 펜을 들어 먼저 나온 책을 참고하면서 개정으로 『무너진 교회』를 다시 집필하게 되었다.

이번 개정된 『무너진 교회』는 앞서 나온 책의 절판으로 인해 앞의 책에서 다룬 내용들도 부분적으로 들어가지만, 배도에 대한 심각성을 좀 더 자세히 알리는 데 중점을 두었다. 특히 마지막 시대에 있어서의 배도의 주체와 배도적 프로그램, 그리고 마지막 시대 가장 심각하게 나타나는 구원과 휴거, 666(짐승의 표)에 대한 배도의 문제를 성경적으로 밝혔다.

기대하기는 이 책을 읽는 모든 주의 백성들은 과연 주의 말씀이 그런가 하는 의문을 던지며, 이 책에서 다루는 내용 외에 좀 더 많은 자료와 정보들을 다양한 매체를 통해 스스로 알아보면서 배도의 무서움과 음모를 파악하여, 다가올 환난 시대를 잘 준비하는 슬기로운 귀한 주의 백성이 되기를 기원한다. 그리고 혹 자신이 배도하는 교회에 출석하고 있다면 다음의 말씀을 기억하며 현명한 결단이 있기를 바란다.

또 내가 들으니 하늘로서 다른 음성이 나서 가로되 내 백성아, 거기서 나와 그의 죄에 참여하지 말고 그의 받을 재앙들을 받지 말라 (계 18:4)

차
례

1

뼈아픈 현실

우리 교회에 일어난 놀라운 일들

먼저 우리 교회에 일어났던 일을 기록하는 것이 부담스럽기는 하지만, 많은 독자들에게 혹 도움이 되지 않을까 하여 먼저 이 글을 쓴다.

필자가 시무하는 교회는 부산 서동에 위치한 조그마한 교회다. 교회 연수는 제법 되었지만 아직 남의 상가 건물에 세를 내어 예배하는 우리 건물도 갖지 못한 그런 교회다.

약 20여 년 전 교회에 놀라운 일들이 일어나기 시작했다. 어떻게 보면 아주 긴 세월이지만 나에겐 지금도 어제의 일처럼 선명하다. 교회 기도회 중 일부의 성도들에게 안수를 하면 넘어지기 시작했고 넘어진 성도들에게서 여러 현상들이 나타났다. 넘어진 성도들에게 조용히 다가가 머리에 손을 얹고 기도하면 성도들은 몸을 떨기 시작했고 일부의 성도들은 몸을 틀면서 이상한 소리들을 내곤 했다. 이런 현상에 대한 영적 지식이나 성경적 올바른 분별력을 갖고있지 못한 때라 모두 성령의 역사인 줄 알고 기도회 시간을 늘려, 매일 저녁 기도회와 주일 낮 예배를 제외한 대부분의 예배에서 예배 후

기도회 및 기도사역을 했다. 예배에 참석한 전 성도가 예배 후 일어서서 기도하고, 나는 기도하는 성도들에게 이마에 가볍게 손을 대면서 조용히 안수기도하면 불과 몇 초 안에 성도들은 넘어지기 시작했고 넘어진 성도들은 스스로가 놀라운 경험들을 하였다.

넘어진 성도들 중 악한 영의 공격이 강한 성도들에게는 축사를 시도했고 축사 도중 귀신(악한 영)과 영적 전투를 하며 귀신들을 쫓아내곤 했다.[1] 계속적 축사를 통해 축사에 대한 많은 지식을 갖게 되면서 나름 귀신들을 쫓는 여러 방법들을 알게 되었다. 귀신이 역사하는 다양한 현상들, 그리고 귀신이 쫓겨나면서 나타나는 여러 현상들까지.

정말 신기한 일들이었다. 넘어진 성도에게 방언 충만하면 바로 방언을 말하고, 치유 역시 급속히 이루어지곤 했다. 보통 기도가 시작되면 몇 시간은 그냥 지나가 버렸다. 그리고 개인에 대한 예언 또한 나도 모르게 나오기 시작하면서 성도들 개인에 대한 예언기도도 해 주었고 성도들은 이런 놀라운 영적인 일에 큰 은혜를 받곤 했다.

나는 스스로에 대한 경이로움에 가득 차게 되었고 귀신을 쫓아내고 성도들에게 안수하는 것이 꼭 주님이 안수하는 것인 양하며, 안수받는 성도들에게 "성령 충만!" 하면서 그들이 넘어지는 현상을 즐겼다. 그리고 예언기도를 해 주면서 하나님의 뜻인 양 성도들에게 하나님이 말씀하시는 것처럼 그렇게 말을 하곤 했다. 간단한 예로

---

1) 그때 일어났던 일들을 간단히 정리해 보면 하품, 기침, 구토, 한숨, 눈의 초점을 잃음, 침 흘림 등등의 일들이었다.

"주의 거룩한 아들(딸)아, 너의 삶의 아픔을 내가 아노라. 너는 지금까지 너 혼자라고 생각했지만 나는 언제나 네 곁에서 너와 함께 했단다. 네가 아파 힘들 때 나도 아파했고, 네가 슬퍼 눈물 흘릴 때 나도 눈물을 흘렸노라. 네가 당하는 아픔들, 삶의 깊은 수렁 속에 허우적거리며 헤매는 너의 모습을 내가 보면서 네가 알지 못하는 순간순간에도 나는 너의 손을 잡아 일으켜 세워주었단다. 네 남편으로 말미암아 너는 연단의 길을 걸어가는구나. 그러나 이제 네 남편의 마음을 내가 붙잡아 나의 아들로 부를 것이니 너는 그 날의 영화를 바라보며 감사할지니라. 현재의 고난은 장차 다가올 영광과 족히 비교할 수 없을 것이니 그 년 수가 얼마 되지 않을 것이니라. 이제 나의 사랑이 너를 붙잡아 너의 마음에 평안을 주리니 세상이 감당치 못할 것이니라."

이런 형태의 기도로 사업하는 사람에 대한 예언기도, 자녀에 대한 예언기도, 다양한 문제로 어려움을 겪고 있는 자들에 대한 예언기도 등. 그냥 손만 갖다 대면 넘어지고, 예언기도가 나오고 하면서 이런 모든 일들이 놀라운 성령의 역사하심으로 일어나는 일이라 믿었기에 피곤하기도 했지만 한편으론 즐겁기도 했다. 대부분이 몇 마디 안 하면 눈물을 흘리고 나아가서는 통곡하기까지 했다.

당시 우리 교회에서 이런 일들이 일어날 때 나도 그랬지만 우리 성도들 또한 이런 강력한 능력들을 체험하지 못했기 때문에 그 파급효과는 놀라웠다. 조금씩 소문이 나기 시작하고 교회는 폭발적으로 성장할 것만 같은 착각이 들 정도였다.

당시 나는 빈야드 운동2)을 주도했던 빈야드 교회의 존 윔버 목사나 캐나다 토론토 블레싱으로 유명한 존 아놋 목사 등, 이런 류의 사람은 들어본 적도 없었고 그들이 어떠한 일들을 하는지도 모르는 상태였다. 그렇다고 나 자신이 신비적인 형태의 어떤 단체로부터 영적 신비적인 일들이나 교회성장 등의 다양한 프로그램들을 배운 것도 아니다.

어느 정도 시간이 흐른 뒤 우리 교회에서 일어난 다양한 일들이 미국의 빈야드 교회, 캐나다의 토론토 블레싱과 같은 현상과 비슷하다는 것을 알게 되었고 수많은 한국 목회자들이 이들에 의해 영향을 받고 있었으며 이들에게 그 어떤 영적 힘을 얻으려 많은 돈을 들여 미국이나 캐나다 등을 방문한다는 사실도 알게 되었다. 그래서 본인도 이들의 사역들이 어떠한지 이들이 인도하는 집회에 직접 참석해 좀 더 영적으로 올바르게 사역을 해야겠다는 마음으로 여러 곳의 집회나 세미나에도 참석해보았다. 그러나 이들의 집회나 세미나를 통해 얻어지는 것은 실로 참담한 마음뿐이었고 뭔가 성경적으로 올바르지 못하다는 인상을 깊게 받으면서 우리 교회에서 나타나는 영적 현상들보다 오히려 잘못되거나 문제가 더욱더 많다는 사실을 알게 되었다. 그렇다고 우리 교회에서 나타난 여러 영적 현상들이 성경적이었다는 말은 결코 아니다.

이런 여러 가지 영적 실체들을 접하면서 언제나처럼 성도들에게 '성경 중심의 신앙'을 절대 원칙으로 삼고 가르쳐온 나로서는 좀 더

---

2) 미국 빈야드 교회의 고 존 윔버 목사와 풀러신학교 교수였던 고 피터 와그너 목사에 의해 일어난 운동으로 방언, 예언, 넘어짐 등의 사역을 중심으로 했고 이들은 이를 '제3의 물결'이라고 했다.

성경적 검토가 필요함을 느끼게 되었고 다양한 영적 나타남 가운데서 변화되는 성도들의 삶 또한 깊이 있게 관찰했다.[3] 그 결과 본인은 실로 충격을 받지 아니할 수 없었으며 나와 우리 교인 모두가 지금까지 성령의 역사라고 자랑스러워했고 자부했던 여러 영적 현상들이 성경의 가르침과 차이가 있었고, 나타난 현상 또한 성경적이지 못한 부분도 많았다는 사실을 발견했을 때 받았던 영적 충격은 가히 말할 수 없었다. 이런 영적 현상들을 주도한 장본인이 나였고 나로 말미암아 자칫 우리 성도들을 아주 잘못된 방향으로 인도할 뻔했던 사탄의 괴수 같은 자라는 사실을 느끼면서 목회 사역에 대한 진지한 고민 또한 했다.

수개월 동안 일어났던 영적 여러 현상들이 실로 놀라운 것임은 틀림없는 사실들이다. 방언, 예언, 통역, 축사, 신유 등의 일들은 가볍게 일어났고, 나는 그런 일을 가능케 하는 그 어떤 영적 세계의 특별한 인물인 듯했다. 이것은 내가 의도한 것이 아니라 나의 기도를 받은 사람들, 혹은 영적 여러 현상들을 경험한 사람들이 그렇게 만들어낸 작품이었다. 그들이 나를 그렇게 만들어가는 것이었다. 우스운 이야기지만 마음만 먹으면 그들의 교주가 되기엔 너무 쉬웠다.

뭔가 나타나는 여러 영적 현상들이 성경적으로 심각한 문제가 있

---

3) 그의 열매로 그들을 알지니 가시나무에서 포도를, 또는 엉겅퀴에서 무화과를 따겠느냐 이와 같이 좋은 나무마다 아름다운 열매를 맺고 못된 나무가 나쁜 열매를 맺나니 좋은 나무가 나쁜 열매를 맺을 수 없고 못된 나무가 아름다운 열매를 맺을 수 없느니라 아름다운 열매를 맺지 아니하는 나무마다 찍혀 불에 던지우느니라 이러므로 그의 열매로 그들을 알리라 (마 7:16~20)

음을 발견한 나로서는 좀 더 많은 자료와 정보들을 얻기 위해 인터넷 검색과 여기에 대한 여러 서적들을 살펴봄과 동시에 성경적 검토를 좀 더 진지하게 하게 되었다. 이때 당시 수많은 목회자들과 교회들이 이미 여기에 관한 여러 프로그램들을 교회에 들여와 시도하는 모습이 곳곳에서 나타나게 되었고 이런 방면에 나름 알려진 수많은 외국 목회자들을 초빙해 대형 집회들을 열곤 했다. 열린예배와 CCM 찬양이 교회 곳곳에서 울려퍼지기 시작했고, 뜨거운 영적 감흥과 기운들이 수많은 교회에서 나타나 새로운 한국 교회의 부흥의 물꼬를 트는 듯한 착각이 들기도 했다. 이런 모임은 그야말로 흥분의 도가니였고 수많은 헌신된 자들의 서약과 더불어 새로운 시대를 열어가는 귀한 성령의 놀라운 바람으로 인식되기에 충분한 그런 현상들이었다. 풀러신학교의 교수인 고 피터 와그너는 실제로 이를 제3의 바람이라 말하기도 했고 이 제목으로 책도 발간했다.

본인은 사실 다른 곳에서 일어나는 사역들엔 큰 관심이 없었다. 우리 교회와 관련되어 있기에 좀 더 관찰하게 되었고 연구하게 되었을 뿐이었다. 그런데 여기에 대한 연구를 하면 할수록 두려움이 들 정도로 무서운 사탄의 계략에 전율했고, 이런 사역을 하는 중심인물들과 이들이 행하는 프로그램 대부분들이 기독교를 파괴하기 위한 세계정부 주의자들의[4] 그 어떤 프로그램에 의해 본의든, 아니든 간에 그들의 전략대로 움직여지고 있다는 사실을 알게 되었을

---

[4] 세계정부주의자들이란 전 세계를 하나의 세계로 만들어가고자 하는 무리들로서 이는 이미 성경에서 예언하고 있는(창 11장, 단 2, 7장, 계 13장 참조) 마지막 시대의 세계단일정부의 구성을 이끌어 가는 자들이다. 대표적인 단체로서 프리메이슨, 일루미나티, 로마 카톨릭, 예수회 등을 들 수 있다.

때 나는 심장이 멎을 정도로 무서운 충격을 받았다. 후론하여 이런 사실들을 좀 더 구체적으로 밝히겠지만 이 글을 읽는 사랑하는 하나님의 백성된 우리 독자분들은 혹 내가, 아니면 내가 다니는 교회가, 내가 섬기는 목회자가 그렇지 않은지에 대한 올바른 영적 분별이 있기를 간절히 당부한다.5) 그리고 필자의 글에 의문이 있거나 혹은 받아들여지지 않는 부분들이 있으면 비운 마음으로 여기에 대한 올바른 성경적 연구와 검토를 진지하게 해보길 바란다.6)

본인은 열린예배의 형태나 CCM 찬양 자체를 성경적이든, 아니든 간에 별로 좋아하지 않았기 때문에 별문제가 안 되었지만, 당시 우리 교회에 나타났던 여러 영적 현상들은 좀 더 진지하게 고민을 하지 않을 수 없었다.

다양한 서적의 연구와 성경의 가르침을 통해 필자가 감히 주님의 이름으로 내릴 수 있었던 결론은 우리 교회에 나타났던 대부분의

---

5) 마지막 시대에 나타나는 거짓 선지자나 배도자들에 대해 주님은 다음에서 주의를 환기시키고 있다. 마태복음 24장 4~5절, "예수께서 대답하여 가라사대 너희가 사람의 미혹을 받지 않도록 주의하라 많은 사람이 내 이름으로 와서 이르되 나는 그리스도라 하여 많은 사람을 미혹케 하리라". 마태복음 24장 11절, "거짓 선지자가 많이 일어나 많은 사람을 미혹하게 하겠으며". 마태복음 24장 23~26절, "그때에 사람이 너희에게 말하되 보라 그리스도가 여기 있다 혹 저기 있다 하여도 믿지 말라 거짓 그리스도들과 거짓 선지자들이 일어나 큰 표적과 기사를 보이어 할 수만 있으면 택하신 자들도 미혹하게 하리라 보라 내가 너희에게 미리 말했노라 그러면 사람들이 너희에게 말하되 보라 그리스도가 광야에 있다 하여도 나가지 말고 보라 골방에 있다 하여도 믿지 말라". 데살로니가후서 2장 9절, "악한 자의 임함은 사단의 역사를 따라 모든 능력과 표적과 거짓 기적과" 등의 말씀들이다.

6) 도움이 되는 몇몇 카페는 다음과 같다. <한국기독교 정보학회>, <밴드오브퓨리탄(제네바 개혁교회)>, <무엇이든 물어보세요>, <이 세대가 가기 전>, <빛과 흑암의 역사> 등이다. 물론 이 모두가 완벽히 성경적이라고 말할 순 없지만, 현시대의 여러 성령의 역사라고 말하는 일들에 대해 어느 정도 도움을 얻을 순 있을 것이다.

영적 현상 이면에는 성령의 역사도 있었지만 악한 사탄의 역사가 더욱더 강했다는 사실을 결코 부인할 수 없었다. 그래서 본인은 기도사역을 조금씩 중지하기 시작했고 우리 성도들을 좀 더 성경적으로 바르게 인도하고자 무척이나 노력했다. 간간이 의아해 하는 성도들도 있었지만 대부분의 성도들이 긍정적으로 성경적 가르침으로 따라왔다. 놀라운 주님의 도우심과 인도하심이었다.

만약 지금도 그때 일어났던 일들을 계속 진행했다면 우리 교회는 어찌되었을까 하는 궁금한 점들도 있었지만, 현재에 있어 급작스러운 교회의 부흥이나 성장이 일어나진 않았지만 성경 중심의 가르침으로 돌아오도록 하신 하나님께 진심으로 감사하며 만족해한다.

왜 기도사역을 중지할 수밖에 없었는가?

몇몇 분들이 나에게 이렇게 물어왔다. 왜 그때 기도사역을 관두었느냐고. 만약 그때 계속 그 사역을 진행했더라면 교회가 굉장히 성장했을 텐데, 라고 하면서 아쉬움을 토로하기도 했다. 실제로 필자와 비슷하게 사역한 부산의 모 교회는 교회성장에 관련된 여러 프로그램들을 적절히 잘 활용해 지금 엄청나게 성장해 있고 그 위세를 떨치고 있다.

그러나 나는 그 교회나 그런 교회들이 하나도 부럽지 않고 오히려 안타깝기만 하고, 성경을 잘 몰라 그런 교회를 다니는 성도들이 불쌍하기까지 하다. 왜냐하면 그런 사역을 하는 사역 뒤에는 무서운 사탄의 음모들이 있기 때문이다. 차차 밝히겠지만 현재 교회성장이란 미명하에 진행되는 대부분의 프로그램들이나 영적 훈련사역들은 단일 세계정부를 만들어 모든 종교를 통합하고자 하는 무서운 세력들에 의해 만들어져, 성경 중심의 바른 교회와 성도들을 파괴하기 위해 오랜 세월 동안 그들이 연구에 연구를 거듭해 만들어낸 사탄적 프로그램들이 대부분이다. 성경을 인용하고 성령의 역사라는 미명하에 저질러지는 대부분의 사역들이 사탄에 의해 조정받는 무서운 사역임에도 불구하고 대부분 그 사실들을 모르고 있다.

영적으로 놀라운 기도의 역사와 능력이 나타남에도 불구하고 본인이 서서히 기도 등 영적 사역을 중단할 수밖에 없었던 이유는 다음과 같다.

첫째, 나 자신의 부족과 교만함 때문이다.

대부분의 목회자나 사역자들이 성경적으로 영적사역을 잘 감당하고 있겠지만, 본인에 있어서는 이런 일들을 진행함에 있어 나 자신의 부족과 교만을 발견하고, 영적 사역에 대한 순진한 마음으로 그 사역을 진행할 수 없었다. 본인은 인간 이상으로서의 아무런 능력이나 힘을 갖지 못한 사람이다. 하나님의 은혜가 아니면 그 어떠한 영적 사역도 감당할 수 없는 사람임을 늘 고백하곤 한 사람이다. 그런데 기도 중 일어나는 여러 영적 현상들을 경험하면서 스스로에 대한 교만함이 조금씩 커져감을 알게 되었다.

사탄의 역사니, 하나님의 역사니 하는 것은 당시로선 문제가 되지 않았다. 나타나는 신비한 현상 속에 나 자신이 성도들과 다른 무엇인가의 능력을 갖고 있는 것으로 착각이 들었고, 하나님보다는 나 자신의 능력에 초점이 모이는 현상이 나타나기 시작했다. 말로는 하나님의 은혜요, 하나님께 영광이라는 당연한 이야기를 하면서도 내심 하나님보다는 나를 나타내고 높이는 기현상이 일어나는 것이었다.

지금 생각해보면 영적 기도사역을 중단한 것이 너무 다행스럽다. 만약 그러지 않았더라면 나의 기질상, 나는 아주 잘못된 길로 가는 목회자가 되어 있었을 것이다.

둘째, 목사를 신 혹은 교주로 만들기 때문이다.

영적 놀라운 현상을 체험하는 성도들을 다루기란 정말 쉽다. 목회자를 인간으로 보는 것이 아니라 아주 신비한 능력을 소유한 영적 대리자로 보는 성도들은 목회자의 말을 감히 거역하지 못하고 혹 목회자의 마음을 아프게 하거나 불순종하면 영적 저주가 임할 것 같은 생각을 가지기 때문에 목회자의 말에 무조건 순종하게 된다. 만약 여기서 목회자가 성경적으로 돌아서지 않고 성경 중심의 올바른 사역을 발견하지 못하면 성도들에 의해 교주화되고 신적 인물이 되는 것이다. 오늘날 이런 현상으로 나타난 이단들이나 잘못된 교회들이 얼마나 많은가.

목회자를 통해 나타나는 다양한 영적 역사들은 목회자 자신의 능력이나 힘이 아니라 전적으로 성령의 나타남 혹은 하나님의 도우심으로 가능한 일들이다. 만약 그렇지 않다면 사탄의 역사다. 그러나 목회자도 인간이기 때문에 자칫 성경 중심의 가르침에서 벗어나, 여러 가지 영적 나타남을 자신의 능력으로 착각해 성도들을 잘못된 길로 가게 하는 경우도 있을 수 있다. 이런 경우 목회자도 문제지만 더욱더 큰 문제는 목회자를 대하는 성도들에게도 그 책임이 있다. 성도들이 목회자를 하나님의 거룩한 사역자로 보는 것이 아니라, 서서히 목회자를 교주화시켜 자신의 목회자를 신적 인물로 만들어버린다. 목회자를 목회자로 보는 것이 아니라 하나님의 현현으로 보아 목회자로 하여금 사탄의 도구가 되도록 만들어버리게 되는 것이다.

이렇게 교주화된 목회자는 이제 성경에서 말하는 목회자가 아니라 그 어떤 종교의 교주가 되어 무소불위의 권세를 휘두르게 되며, 섬김의 자리에 서야 할 목회자가 섬김을 받는 자리로 올라서 성도들을 자신이 마음대로 할 수 있는 종의 자리로 전락시켜 목회자와 성도의 관계는 주종관계 비슷한 관계로 자연스레 바뀌게 되고, 목회자는 하나님이라는 이름으로 신적권세를 무차별적으로 성도들에게 휘둘러 성도들을 굴복시켜 버린다. 지나친 말 같지만 사실 나의 주위에 이런 경우에 속한 성도와 목회자들을 많이 발견하게 된다.

더 놀라운 사실은 이런 비성경적 잘못된 사역에도 불구하고 성도들이 목회자의 사역에 대한 분별조차 하지 않고 오히려 이런 현상을 더욱더 좋게 여기고 반긴다는 사실이다.[7] 실제로 본인의 교회도 그러했었다. 성도들이 하나님의 말씀보다는 신비한 영적 현상을 더욱더 좋아했고 목회자를 신의 대리자 정도로 착각해 신비한 능력이 나오는 사람인 것처럼 대하곤 했다. 두려운 일이다.

---

7) 이 땅에 기괴하고 놀라운 일이 있도다. 선지자들은 거짓을 예언하며 제사장들은 자기 권력으로 다스리며 내 백성은 그것을 좋게 여기니 그 결국에는 너희가 어찌 하려느냐 (렘 5:31~32)

셋째, 성도들의 신앙관 문제 때문이다.

결국 이런 신비한 영적 현상은 중독성이 있어, 성도들을 서서히 중독시켜 모든 신앙의 형태는 영적 신비주의로 흐르게 되고 하나님의 말씀인 성경보다도 영적 신비주의적 가르침과 현상에 더욱더 열중하는 기현상이 일어난다. 교회를 다니고 예수를 믿는 모든 목적이 영적 신비 현상의 기대감으로 예수를 믿고 교회를 다니게 되며, 목회자의 신비한 주술적 행위에 매료되어 거룩한 신비적 은총을 입으려 안달을 하는 현상이 급속히 나타난다.

교회 내 다양한 영적 사역이 필요함에 있어 그 중요함은 이루 말할 수 없다. 기독교 자체가 영적 종교이기 때문에 영적 현상이나 사역이 나타나야 함에는 이견이 있을 수 없다. 그러나 이런 거룩한 주의 영적 사역을 그 어떤 신비주의적 현상으로 만들어가고 성도들로 하여금 여기에 집중하도록 지도하게 되면 성경 중심의 신앙으로 자라기 힘들고 성도들 또한 성경보다는 영적 신비주의에 집착하는 이상한 신앙관을 형성하게 된다.

본인은 이런 성도들의 신앙 모습을 발견하고 여기에 숨어 있는 무서운 사탄의 음모와 함정을 깨달으면서 말씀 중심으로 돌아오도록 무척이나 노력했었다.

더욱더 무서운 사실은 이렇게 성도들을 말씀으로부터 이탈시키고 영적 신비주의에 물들도록 만드는 세력이 종교 통합을 주도하는 세계정부의 한 계획임을 알고 두려울 정도로 그 놀라움을 감출 수 없었다. 나도 모르는 순간에 그들의 하수인이 되어 잘못된 길로 가고 있었으니 말이다.

성도들의 올바른 신앙관은 영적 신비한 현상에서 나오는 것이 아니라 하나님의 말씀인 성경으로부터 나오고 또 그렇게 되어야 한다.

넷째, 거짓을 말하기 때문이다.

다양한 영적 현상 가운데 성도들이 아주 좋아하는 사역은 당연 예언사역이다. 신유니, 방언이니, 통역이니 하는 것들도 좋아하지만 대부분 단회적 성격을 갖고 있고 제한적이다. 그러나 예언은 지속적이며 대중적으로 나타나는 보편적 현상이다. 언제든지 사역받을 수 있고 사역해 줄 수 있는 것이 예언사역이다. 그리고 목회자들이 영적 사역을 할 때 활용하기가 쉬워 가장 즐겨 사용하는 사역이 예언사역이기도 하다.

부산에 있는 모 교회에서 예언에 관한 사역을 한다는 집회광고를 보고 잠깐 참석해 보면서 그 안타까움은 이루 말할 수 없었다. 강사는 자녀들에 대한 예언을 한다면서 예언을 해 주는데 정말 기가 막히는 일이었다. 근데 이 또한 무슨 현상인지 성도들이 자녀들을 데려와서 예언사역을 받는데 예물은 필수였고, 그 예언에 따라 눈물을 흘리며 감동하는 모습은 정말 가관이었다.

> "사랑하는 딸아, 너의 자녀가 어려운 일을 많이 겪었구나, 여러 가지 질병과 가정의 문제로 마음의 상처는 이미 하늘에 사무치는구나. 주님도 아파하며 눈물을 흘리는구나. 그러나 나의 사랑하는 딸아, 이미 너의 자녀는 나의 장중에 있나니 그의 길은 고난 가운데 피어나는 아름다운 꽃이 될 것이며 너의 자녀를 대적하는 무리들은 힘없이 무너질 것이니 너는 더 이상 자녀로 인해 아픔을 갖지 말거라. 내가 너를 사

랑하듯 너의 자녀 또한 사랑하며 그 길을 인도할 것이니 나의 나라를
위한 귀한 일꾼이 될 것이니라."

대충 위와 같은 내용들이다. 조금의 성경지식과 심리적 이용술,
그리고 말재주만 있으면 누구나 할 수 있는 내용들이며, 특히 상대
방에 대한 약간의 지식이 있으면 그야말로 금상첨화다. 구체적인
내용은 아무것도 없었다. 모두 두리뭉실, 적당한 말로 넘어가는 그
런 예언들뿐이었다.

본인은 이 시대에도 주님의 귀한 예언사역을 하는 주의 종들이
있다고 믿고 있다. 그러나 그러한 주의 종들은 대중사역이니 개인
예언이니 하면서 자신을 드러내어 하는 분들이 아니다.

본인이 예언사역을 하면서 느꼈던 아주 중요한 사실은 예언사역
을 하다 보면 종종 자신의 생각과 거짓말을 하나님이 주신 것처럼
위장해 진실인 것처럼 포장해 성도들에게 전달하는 경우가 허다하
다는 것이다.[8] 뭔가 하나님의 종인 것처럼 보여야 하는데 어물어
물하다가는 그런 위엄이 사라지기 때문에 생각나는 대로, 그리고
상대방의 여러 정황을 고려하여 적당히 거짓말하면서 쉬지 않고 말
을 한다. 꼭 하나님께서 말씀하시는 것처럼. 그래야 하나님의 선지

---

8) 만군의 여호와께서 이같이 말씀하시되 너희에게 예언하는 선지자들의 말을 듣지 말라 그
들은 너희에게 헛된 것을 가르치나니 그들의 말한 묵시는 자기 마음으로 말미암은 것이
요 여호와의 입에서 나온 것이 아니니라 (렘 23:16)
주 여호와의 말씀에 본 것이 없이 자기 심령을 따라 예언하는 우매한 선지자에게 화 있을
진저 (겔 13:3)
그 선지자들이 그들을 위하여 회를 칠하고 스스로 허탄한 이상을 보며 거짓 복술을 행하
며 여호와가 말하지 아니했어도 주 여호와의 말씀이라 했으며 (겔 22:28)

자처럼 보이기 때문이다.

예언사역을 하는 모든 분들이 다 잘못된 것은 아니더라도 대부분이 자기 마음이나 생각에서 나오는 거짓말로 성도들을 미혹한다는 것은 예언사역을 하는 자신이 더 잘 알고 있다. 이런 것을 모른다면 정말 바른 사역을 하는 참된 하나님의 종이거나 아니면 거짓된 마귀의 종임에 틀림없다. 대부분이 후자라 여겨진다. 자신의 예언사역이 거짓이고 자신의 생각이나 마음에서 나온다는 사실을 알면서도 성도들이 미혹되는 모습에 유혹되어 더욱더 잘못된 거짓 사역자로 한걸음, 한걸음 다가서게 된다. 이런 것을 즐기는 목회자, 그리고 이런 사역을 너무도 좋아하는 성도들. 이것이 우리 한국 교회의 현실이다.

다섯째, 성경적으로 옳지 않았기 때문이다.

우리 그리스도인들의 모든 삶의 기준과 표준은 성경이 되어야 한다. 하나님께서는 자신을 계시하는 수단으로 성경을 주셨고 성경을 통해 영육 간에 있어 필요한 모든 계시를 하셨다. 영적 판단의 기준도 반드시 성경으로 해야 하며 성경을 통해, 일어나는 모든 현상에 대한 판단과 분별을 해야 한다. 아무리 영적 역사가 강하게 일어나고 영적 강한 경험이 있다 하더라도 성경을 통해 영적 현상과 경험을 해석해야 한다.

모든 종교는 나름대로 모두 영적 역사와 다양한 영적 경험을 가질 수 있는 통로가 있다. 만약 성경을 배제하고 영적 현상이나 경험에만 치중한다면 자신이 경험한 여러 영적 현상들이 하나님이 주신 것인지 아니면 사탄의 역사인지를 분별하지 못한다.

기도할 때 성도가 넘어지고, 넘어진 성도들에게 다양한 영적 역사들이 나타나고, 귀신과의 영적 전쟁을 하면서 주님의 은총을 간구하며 악한 귀신을 축출할 때 오는 기쁨은 이루 말할 수 없었다. 그러나 영적 사역을 하면 할수록 점점 더 인간적 기교에 의존하게 되고 성경적 기준이나 판단보다는 나타나는 현상 자체를 즐겨 하면서 많은 목회자들이 순수한 하나님의 사역자로서의 모습은 점점 멀어져가게 된다.

모두가 하나님의 역사요, 성령의 강력한 기름 부음인줄 알았으나, 결국 이런 모든 사역이 성경적으로 진지하게 검토되었을 때 상당 부분 잘못된 것이고 무서운 악한 영의 유혹이었음을 알게 되었다. 물론 이런 문제는 나의 문제지만 성경적으로 올바르게 영적 사역을 한다는 것이 정말 쉽지는 않은 일이었다. 더군다나 종교를 통합하고자 하는 무서운 세계정부 프로그램의 한 부류에 속한 일들이었음을 알게 되었을 때 그 놀라움은 지금도 잊히지 않는다. 그렇다고 교회에서 영적 사역이나 축사사역을 하는 것이 모두 잘못된 것이라 보는 것 또한 잘못이다. 올바른 성경적 사역이 이루어진다면 이는 참으로 바람직한 일이다.

어느 집사님의 이상한 변화

나름 아름다운 믿음을 가지고 계신 집사님이 한 분 있었다. 자주는 아니지만 가끔씩 만나 대화를 하면서 순전한 믿음의 교제를 나누곤 했다. 근데 어느 날 대화 중에 예전에 대화하던 방식과 전혀 다른 방식으로 이야기를 하면서 말끝마다 하나님이 어떻게 하라 하더라, 하나님이 이렇게 저렇게 말씀하셨다, 우리 그리스도인들은 모두 부자가 되어야 한다, 세상을 정복하고 물질의 복들을 받아야 한다면서 예전에 만나 대화하던 모습과 전혀 다른 모습으로 대화를 하곤 했다. 아는 지인을 통해 왜 그런지 알게 되었는데 신사도적 사고를 갖고 있는 사람들과 접촉하면서부터 그렇게 되었고, 심지어는 잘 다니던 교회마저 떠나 신사도 운동을 하는 교회로 옮겨 이제는 그 교회의 추종자가 되어버렸다.

지면상 교회의 이름을 밝힐 순 없으나 부산에서 상당히 문제 있는 교회로 알려져 있으며 성도들을 자신의 종으로 취급하고 교회가 개인 것인 마냥 함부로 운영하고 있음이 알려졌음에도 불구하고 그 교회 성도들은 그들의 목사를 능력 있는 주의 종으로 모시고 있다.

신사도적 사상에 빠지면 성경이 보이지 않고 나타나는 현상만 보인다. 신사도적 사상에 빠지면 목회자를 교주화시켜 버린다. 신사도적 사상에 빠지게 되면 성도의 가난이 저주처럼 보인다. 신사도적 사상에 빠지게 되면 올바른 성경적 교회는 모두 성령이 죽어 있는 무능력한 교회처럼 보인다. 그래서 쉽게 교회를 옮겨 다닌다. 신사도적 사상에 빠지게 되면 자기 교회만이 최고인 것 같은 생각을 한다.

경고한다. 신사도적 사상에 빠지게 되면 성경의 하나님이 안 보이고, 자신이 만든 하나님을 믿으며, 성경에서 안내하는 말씀대로 가지 않고 교주화된 목회자에게만 잘 보이려 하고 그 말만 들으려 하며, 결국 신사도적 사상에 빠지게 되면 자신의 영혼이 황폐화되고 구원도 장담할 수 없다. 왜냐하면 진실된 하나님의 백성은 올바른 길로 돌아오거나 신사도적 사상이 잘못된 것을 알기 때문이다. 그리고 신사도 운동을 펼치는 대부분의 사람들이 짐승(사탄)의 정부를 만들려고 혈안이 되어 있는 세계정부주의자들임을 명심하라.

글머리에 저희 교회의 일과 모 집사님의 내용을 먼저 다루게 되어 독자들에게 죄송한 마음이 든다. 본인이 잘못 판단한 것일 수도 있지만 현 우리 한국 교회의 실제를 아는 데, 그리고 이 글을 읽어가는 데 조금이라도 도움이 될 것 같아 먼저 다루게 되었음에 이해를 구한다. 본인이 본인의 교회에 일어난 조그마한 일을 갖고 한국 교회 전체의 일로 치부하는 것이 어쩌면 독자들의 올바른 판단에 대한 시야를 흐릴 수도 있다고 생각해 보았지만, 우리 교회와 비슷한 다양한 일들과 이로 인해 잘못된 여러 현상들이 본 교회 성도뿐만 아니라 필자 주위를 비롯해 전국적인 현상임을 알게 되면서 이런 여러 영적 현상들이 마지막 시대 배도9)를 행하는 교회들의 특징으로 자리 잡게 되고 순수한 하나님의 성도들과 교회들을 무너뜨리는 세계정부의 일, 즉 사탄의 마지막 시대의 일임을 확신하게 되었다. 독자분들께서는 순전한 마음으로 이 글을 읽으며 성경과 비교해 보기도 하며, 조금의 여유를 갖고 주위를 살펴보면서 현 우리 한국 교회의 실제가 어떠한가를 발견하는 귀한 계기가 되기를 기대해 본다. 그리고 현명한 판단과 하나님 앞에서의 아름다운 결단들이 있어지기를 희망한다. 혹 필자의 글에 잘못된 점이 발견되거나 문제가 있다고 느껴지면 귀한 사랑의 조언도 구해본다.

---

9) 누가 아무렇게 하여도 너희가 미혹하지 말라 먼저 배도하는 일이 있고 저 불법의 사람 곧 멸망의 아들이 나타나기 전에는 이르지 아니하리니 (살후 2:3)

2

성경을 바로 알아야 한다

성도는 모든 삶의 기준을 성경에 두고 성경을 통해 판단해야 한다. 하나님께서 성경을 아무 이유 없이 우리에게 주신 것이 아니다. 구원에 대한 안내뿐만 아니라 우리 그리스도인의 삶에 있어 일어날 수 있는 여러 영적 현상에 대해 올바로 안내하기 위해 우리에게 주신 것이다. 그리스도의 영에 속한 것인지 아니면 사탄의 영에 속한 것인지에 대한 올바른 분별력을 주기 위해 우리에게 주신 것이다. 그렇기 때문에 성경을 제대로 알지 못하면 올바른 성도가 되기 어렵고, 올바른 영적 분별력을 갖추기 어려우며 하나님의 일인지, 사탄의 일인지에 대한 분별을 제대로 하지 못한다.

로마 카톨릭의 하나님과 우리 성경에서 계시하는 하나님은 다르다. 로마 카톨릭에서 믿는 예수와 우리가 믿는 예수는 다른 예수다. 똑같이 성경을 갖고 이야기하나, 그들의 하나님과 성경이 계시하는 하나님은 전혀 다르다. 왜 이런 현상이 일어나는가. 그들은 성경을 바로 믿지 않고 성경을 바로 알지 못하기 때문이다. 성도도 성경을 바로 믿지 못하고 바로 알지 못하면 자기가 만든 하나님을 성경의 하나님이라 착각한다. 예수를 말하고, 하나님을 말하고 교회를 다니며 기도도 하지만 성경에서 계시한 하나님을 믿지 않고 다른 하나님을 믿으면 그는 올바른 그리스도인이 아니다.

은사도 중요하고 표적도 중요하며 하나님의 계시도 중요하다. 그러나 이 모든 것이 성경을 통해 검증되어야 하며 성경에서 안내하지 않는 영적현상이나, 표적, 계시 등은 모두 잘못된 것이다. 영적 여러 현상들, 즉 표적이나 계시 등은 기독교의 전유물이 아니라 모든 종교에서 동일하게 일어나는 현상이다. 그렇기 때문에 성경을 바로 알지 못하면 자신에게 일어난 영적 현상들이 다른 이방종교에서 일어나는 것과 같은 동일한 현상임에도 불구하고 성경적이며 하나님이 역사하신 것이라 우겨 세운다.

우리 한글 개역성경은 오리겐[10]으로부터 시작된 알렉산드리아 계열[11]의 성경번역본에 많은 영향을 받았기 때문에 그 번역에 있어 알렉산드리아 계열의 성경번역본을 참고하여 번역된 성경이다. 그러다 보니 다른 번역본 계열인 비잔틴계열[12]의 성경번역본도 있다는 사실에 대해 대부분의 성도들이 모른다. 때문에 오직 알렉산드리아 계열의 번역본인 개역성경만이 참된 하나님의 말씀의 성경인 것으로 여겨왔다. 본인도 그렇게 알고 있었다. 그러나 여기서 우리가 한번 짚고 넘어가야 할 사실이 있다.

우리의 신앙 형성은 일차적으로 성경에 의해서라기보다 교회의 가르침에 의해 신앙이 형성되었다. 그러다 보니 자신이 속한 교단의 교리에 의해 성경을 보게 되고 성경을 자신의 교단에 적합한 교과서로 활용하게 되는 것이다. 같은 그리스도인이지만 자신이 속한 교단에 의해 신앙이 형성되다 보니 타 교단과는 보이지 않는 벽이 항상 놓여 있으며 심지어는 심각한 신학적 대립까지 가져와 전쟁을 방불케 하는 학적 논쟁이 이루어진다.

우리의 신앙이 처음에는 교단이나 교회의 신학적 기초에 의해 형

---

10) 오리겐은 3세기 교부로서 알렉산드리아 파를 대표하는 교부이다. 오리겐에 대한 평가는 긍정적인 평가와 부정적인 평가가 동시에 나타나고 있는데, 그에 대해서는 오직 하나님만 아실 뿐이다.

11) 성경 사본의 번역본은 크게 비잔틴 계열과 알렉산드리아 계열로 나뉜다. 비잔틴 계 역본은 1611년에 번역된 영어 킹제임스 성경을 마지막으로, 1881년 웨스트코트와 홀트의 알렉산드리아 헬라어 성경 역본 이후 현재 대부분의 성경은 알렉산드리아 계열의 번역본을 따르고 있다.

12) 비잔틴 계열의 성경이란 비잔틴 시대에 사용된 성경으로 그 기원에 있어서는 여러 이설들이 있다.

성된다 하더라도 신앙의 성숙은 결국 성경을 통해 이루어져야 하며 교단이나 교회의 가르침이 정확히 성경과 일치하는 경우, 우리는 이의 없이 그 가르침을 따라야 하지만 혹 성경적이지 못한 내용들이 발견 된다면 반드시 성경의 가르침으로 돌아와야만 한다. 성경의 가르침에 의해, 잘못 형성된 신앙 문제를 발견한다면 겸손하게 성경의 가르침으로 돌아와 성경에서 가르치는 그 가르침을 따라야 한다. 이런 성도가 참된 그리스도인인 것이다.

알렉산드리아 계열의 번역본에 영향을 받은 우리 한글개역성경도 좋은 성경임은 틀림없다. 그러나 성경을 통해 올바른 신앙이 형성되려면, 알렉산드리아 계열본의 성경도 필요하지만 비잔틴 계열의 성경도 같이 보는 것이 더욱더 성경을 바로 아는 데 도움이 된다. 그리고 같은 계열의 성경이라도 한 권의 성경만 고집하지 말고 몇 권의 성경을 비교해 본다면 더욱더 도움이 될 것으로 보인다. 그리고 때에 따라 원어의 의미를 찾아야만 하는 경우도 있는데, 원어를 잘 모른다 하더라도 요즘은 원어분석을 잘해놓은 다양한 서적이나 CD 파일들이 존재하기 때문에, 조금의 노력만 기울인다면 원어를 잘 몰라도 원어에 가까운 성경적 의미를 충분히 발견할 수 있다. 사실 평신도로서는 결코 쉬운 일이 아니다.

성경을 바로 알지 못하면 신앙이 무너진다. 내가 알고 있는 것만 옳다고 고집하지 말고, 좀 더 진지하게 내가 알고 있는 여러 성경 지식이 정말 성경에서 계시하고 있는 것인지를 고민해보자. 참고로 알렉산드리아 계열의 성경과 비잔틴 계열의 성경 역사를 보면 다음과 같다.

알렉산드리아 계열의 성경

1. 오리겐(AD 184~254)의 헥사플라(Hexapla) 제5란 ~ 70인역(LXX, Septuagint)
2. 유세비우스의 50권의 복사본
3. 바티칸 사본(AD 350)과 시내 사본(AD 350): 외경 포함
4. 제롬의 라틴 벌게이트(Latin Vulgate, AD 415)
5. 예수회의 림즈 듀웨이 성경(Rheims Douay, 1582)
6. 그리스바흐(1812)
7. 라흐만(1851)
8. 트레겔레스(1872)
9. 티쉔돌프(1874)
10. 웨스트코트와 홀트의 헬라어 성경(1881)
11. 영어 개역본(RV, 1884)
12. 네슬(Nestle) 판 헬라어 성경(1~26판, 1898~1979)
13. 연합성서공회(United Bible Societies)의 헬라어 성경 1, 2, 3판(1966~1975)
14. 개역표준역본(RSV, 1952), (p)여호와의 증인 - 신세계 역본(NWT, 1957)
15. 새미국표준역본(NASV, 1959)
16. 새개역표준역본(NRSV, 1970)
17. 새국제표준역본(NIV, 1978)

18. 뉴킹제임스역본(NKJV, 1982)

19. 성경전서 개역 한글판(1956)

20. 공동번역 성서(1977)

21. 현대인의 성경(1986)

22. 현대어 성경(1991)

23. 표준 새번역(1993)

24. 개역개정(1999)

비잔틴 계열의 성경

1. 히브리 맛소라 원문(Hebrew Massoretic Text)

2. 코이네 헬라어 표준원문(Textus Receptus)

3. 구 시리아 역본(The Old Syriac, AD 120)

4. 구 라틴 역본(Old Latin, AD 150)

5. 이태리 교회에서 사용한 성경(AD 157~AD 180)

6. 골 교회에서 사용한 성경(AD 177~AD 200)

7. 켈트 교회에서 사용한 성경(AD 300)

8. 발칸과 독일 지역에서 사용한 성경(AD 400)

9. 비잔틴 제국 기간 동안 희랍 교회들에서 사용한 성경(AD 312~1453)

10. 헬라어 표준원문(Textus Receptus)

11. 에라스무스 성경(1522)

12. 틴데일 성경(1525)

13. 콜리네우스 성경(1534)

14. 루터 성경(1543)

15. 스테파누스 성경(1550)

16. 베자 성경(1604)

17. 엘지버 성경(1633)

18. 킹제임스 성경(Authorized King James Bible, 1611)

간략하게 알렉산드리아와 비잔틴 계열의 성경역사를 기록했지만, 이 둘에 있어 100% 완벽하게 원문과 똑같이 필사되거나 번역된 것은 없다. 둘 다 원문으로부터 필사한 것을 계속 필사하여 왔기 때문에 필사 과정에서의 여러 오류들이 있을 수 있으며, 여러 가지 환경 혹은 개인적 지식이나 사상에 의해 필사본들은 원본의 뜻과 달리 기록되어 우리에게 전달될 수도 있다. 비록 같은 계열의 성경이라도 서로 달리하는 경우도 있기 때문에 이 점 유의하여 우리는 성경을 살펴보아야 한다.

비잔틴 사본의 우위를 주장하는 사람들은 알렉산드리아 사본들의 문제를 다음과 같이 주장한다. 알렉산드리아 사본을 통해 성경을 번역한 웨스트코트-홀트[13]의 신약 원문은 표준원문에서 5,604곳을 변경시켰고, 9,970개의 글자를 삭제했으며(Defending the KJV. p.41.), 네슬 알란드 그리스 26판은 934단어를 더 삭제했다고 한다.[14] 오늘날 대부분의 신학교에서 사용하고 있는 네슬 알란드 26판은 출간 후 1979년까지 81년 동안 평균 3년 1개월마다 수정판을 내고 1993년에 27판이 나왔으며 1966년 연합성서공회(UBS) 헬라어 성경은 46개 절수를 완전히 삭제하여 없음으로 표기했다.[15]

---

13) 웨스트코트와 홀트는 영국 케임브리지대학의 교수로서 웨스트코트는 홀트의 제자다. 당시 비잔틴 사본의 역본인 킹제임스 성경을 다시 번역하면서 비잔틴 사본의 역본을 사용하지 말고 알렉산드리아 사본의 역본을 사용하는 데 앞장선 인물로 이들에 의해 헬라어 신약성경이 두 사람의 공동작품으로 만들어진다. 그러나 이 작업을 주도한 사람은 예수회의 정회원으로 활동했던 홀트로 알려지고 있다. 이 두 사람의 영향으로 당시 대부분의 사람에 의해 읽히던 비잔틴 사본의 마지막 영어 역본이었던 킹제임스 성경의 사용이 사라지고 현재까지 알렉산드리아 계열의 역본이 많이 읽혀지고 있다. 우리 한글 개역성경도 마찬가지다.

14) Moorman, 『Missing in the Mordern Bible』 p.41.

우리 한글개역성경도 이들의 영향을 받아 없음이라는 절수가 13곳에 이른다고 한다.[16] 이들 13구절은 알렉산드리아 계열의 바티칸 사본에는 없는 구절들이다.

이와 반하여 알렉산드리아 사본을 선호하는 학자들은 이들의 주장을 일축한다. 알렉산드리아 사본인 바티칸 사본이나 시내 사본은 비잔틴 사본들보다 훨씬 앞선 사본이고, 비잔틴 사본이 오히려 고의로 수정, 변역(変訳) 등을 함으로써 원본으로부터 올바르지 못한 성경이라고 혹평한다.

참고로 몇몇 구절 중 이 둘의 번역상의 차이점들을 간단히 살펴보면 다음과 같다.

비잔틴 사본과 알렉산드리아 사본의 간단한 비교

성경구절	비잔틴 사본(킹제임스)	알렉산드리아 사본(개역한글)	비 고
요일 5:7	이는 하늘에서 증거 하시는 이가 세 분이시니, **아버지와 말씀과 성령**이시요, 이 세 분은 하나이시라	증거 하는 이는 성령이시니 성령은 진리니라	에라스무스의 TR 제3판부터 나오는 내용이다.

---

15) 한종수, 『개역성경과 헬라어 표준원문비교』, p.213.

16) 한글 개역 성경 중 없음으로 표기된 곳은 다음과 같다. 1) 마태복음 17:21 2) 마태복음 18:11 3) 마태복음 23:14 4) 마가복음9:44 5) 마가복음 9:46 6) 마가복음 11:26 7) 마가복음 15:28 8) 누가복음 17:36 9) 누가복음 23:17 10) 사도행전 8:37 11) 사도행전 15:34 12) 사도행전 28:29 13) 로마서 16:24

	For there are three that bear record in heaven, **the Father, the Word, and the Holy Ghost**: and these three are one.	For there are three that testify:	
	Then Paul stood in the midst of Mars' hill, and said, [Ye] men of Athens, I perceive that in all things **ye are too superstitious.**	Paul then stood up in the meeting of the Areopagus and said: "Men of Athens! I see that **in every way you are very religious.**	
행 8:37	빌립이 말하기를 "만일 당신이 마음을 다하여 믿으면 합당하니라"고 하니, 그가 대답하여 말하기를 "나는 예수 그리스도가 하나님의 아들이신 것을 믿나이다"라고 하더라	없음	
고전 6:20	너희는 값을 치르고 산 것이니 그러므로 하나님의 것인 **너희 몸과 너희 영으로** 하나님께 영광을 돌리라.	값으로 산 것이 되었으니 그런즉 **너희 몸으로** 하나님께 영광을 돌리라	우리의 몸으로만 영광을 돌리는 것이 아니라 영으로도 영광을 돌려야 한다.
	And Philip said, If thou believest with all thine heart, thou mayest. And he answered and said, I believe that Jesus Christ is the Son of God.	없음	
	For ye are bought with a price: therefore glorify God **in your body, and in your spirit,** which are God's.	you were bought at a price. Therefore honor God **with your body.**	

40   무너진 교회

행 15:24	우리가 듣기로는 우리 가운데서 나간 몇몇 사람이 말로 너희를 괴롭히고 너희의 혼을 파멸시키며 말하기를 '할례를 받고 율법을 지켜야 한다'라고 하는데 우리는 그들에게 그런 지침을 준 적이 없노라	들은즉 우리 가운데서 어떤 사람들이 우리의 시킨 것도 없이 나가서 말로 너희를 괴롭게 하고 마음을 혹하게 한다 하기로	구원에 대한 중요한 가르침의 말씀이다.
막 1:2, 3	선지서들에 기록된 바와 같이 "보라, 내가 네 면전에 나의 사자를 보내리니, 그가 네 앞서 네 길을 예비하리라 광야에서 외치는 자의 음성이 있어 '너희는 주의 길을 예비하고 그의 길을 곧게 하라'"고 했더라	선지자 이사야의 글에 보라 내가 내 사자를 네 앞에 보내노니 저가 네 길을 예비하리라 광야에 외치는 자의 소리가 있어 가로되 너희는 주의 길을 예비하라 그의 첩경을 평탄케 하라 기록된 것과 같이	2절의 말씀은 말 3:1절의 말씀이며 3절이 사 40:3의 말씀이다.
	Forasmuch as we have heard, that certain which went out from us have troubled you with words, sub-verting your souls, saying, [Ye must]be circumcised, and keep the law: to whom we gave no [such] com-mandment:	We have heard that some went out from us without our authorization and dis-turbed you, troubling your minds by what they said.	
	As it is written in the proph-ets, Behold, I send my mes-senger before thy face, which shall prepare thy way before thee. The voice of one crying in the wilderness, Prepare ye the way of the Lord, make his paths straight.	It is written in Isaiah the prophet: "I will send my messenger ahead of you, who will prepare your way" "a voice of one calling in the desert, 'Prepare the way for the Lord, make straight paths for him.'" (NIV)	

2. 성경을 바로 알아야 한다   41

갈 3:17	이제 내가 이것을 말하노니, 하나님께서 그리스도 안에서 미리 확정하신 언약을 사백삼십년 후에 생긴 율법이 폐기시킬 수 없으며 그 약속을 무효화할 수 없느니라	내가 이것을 말하노니 하나님의 미리 정하신 언약을 사백삼십년 후에 생긴 율법이 없이 하지 못하여 그 약속을 헛되게 하지 못하리라	하나님의 구원에 관한 언약은 반드시 그리스도를 통해서임을 분명히 하고 있다.
롬 14:10	그런데 너는 어찌하여 네 형제를 판단하느냐? 어찌하여 네 형제를 업신여기느냐? 우리가 모두 그리스도의 심판석 앞에 서리라.	네가 어찌하여 네 형제를 판단하느뇨 어찌하여 네 형제를 업신여기느뇨 우리가 다 하나님의 심판대 앞에 서리라	우리를 심판하시는 분은 하나님이 아니시라 모든 심판을 그리스도에게로 맡기셨다(요 5:22)
	And this I say, [that] the covenant, that was confirmed before of God in Christ, the law, which was four hundred and thirty years after, cannot disannul, that it should make the promise of none effect.	What I mean is this: The law, introduced 430 years later, does not set aside the covenant previously established by God and thus do away with the promise.	
	But why dost thou judge thy brother? or why dost thou set at nought thy brother? for we shall all stand before the judgment seat of Christ.	You, then, why do you judge your brother? Or why do you look down on your brother? For we will all stand before God's judgment seat.	
마 1:23	"보라, 처녀가 잉태하여 한 아들을 낳으리니 그의 이름을 임마누엘이라 하리라" 하셨으니, 이를 해석하면 '우리와 함께 하시는 하나님'이라	보라 처녀가 잉태하여 아들을 낳을 것이요 그 이름은 임마누엘이라 하리라 하셨으니 이를 번역한즉 하나님이 우리와 함께 계시다 함이라	하나님이 우리와 함께 한다와 우리와 함께 하시는 하나님은 의미가 완전히 다르다. 예수님이 바로 하나님이심을 증거하는 말씀이다.

골 1:2	골로새에 있는 그리스도 안의 성도들과 신실한 형제들에게 쓰노라. **하나님 우리 아버지 와 주 예수 그리스도로부터** 은혜와 평강이 너희에게 있을 지어다	골로새에 있는 성도들 곧 그리 스도 안에서 신실한 형제들에 게 편지하노니 **우리 아버지 하 나님으로부터** 은혜와 평강이 너희에게 있을지어다	알렉산드리아 사 본의 많은 부분에 있어 주나 그리스 도라는 단어를 빼 고 있다. 이는 예 수님의 신성을 없 이 하려는 의도로 보인다.
	Behold, a virgin shall be with child, and shall bring forth a son, and they shall call his name Emmanuel, **which be- ing interpreted is, God with us.**	"The virgin will be with child and will give birth to a son, and they will call him Immanuel" --which means, "God with us."	
	To the saints and faithful brethren in Christ which are at Colosse: Grace [be] unto you, and peace, **from God our Father and the Lord Jesus Christ.**	To the holy and faithful brothers in Christ at Colosse: Grace and peace to you **from** God our Father.	
요 3:36	아들을 믿는 자는 영생을 가졌 고 그 아들을 **믿지 않는 자는** 생명을 보지 못하고 오히려 하 나님의 진노가 그 사람 위에 머 물러 있느니라."고 하더라	아들을 믿는 자는 영생이 있고 **아들을 순종치 아니하는 자는** 영생을 보지 못하고 도리어 하 나님의 진노가 그 위에 머물러 있느니라	우리가 구원을 얻 는 것은 순종의 여부가 아니라 믿 음의 여부에 달려 있다.
욥 41:1	네가 갈고리로 **리비야단**을 끌 어낼 수 있겠느냐? 또한 끈으로 그의 혀를 맬 수 있겠느냐?	네가 능히 낚시로 **악어**를 낚을 수 있겠느냐 노끈으로 그 혀를 맬 수 있겠느냐?	

　알렉산드리아 사본과 비잔틴 사본 간의 몇몇 구절을 간단히 비교
해 보았다. 서로 간의 격차가 있고 나름대로의 연구결과로 나타난
사본 번역이지만 우리의 신앙에 더욱더 확신과 분명함을 전해 주는
사본은 비잔틴 사본임에는 틀림없다. 그렇다고 비잔틴 사본이

100% 원본을 정확히 전달하는 유일한 사본이고 알렉산드리아 사본들과 그 번역본들 모두는 잘못되었다고 판단하는 것은 옳지 못한 생각이다.

현재 우리 주변에는 수많은 성경들이 존재한다. 미국 같은 경우는 약 100여 종류를 헤아리고 있으며 우리나라도 약 10개 이상[17]의 성경이 존재하고 있다.

하나님을 사랑하고 성경을 사랑하는 성도라면 올바른 성경의 가르침을 찾기 위해 많은 노력을 해야 한다. 하나님의 귀한 말씀인 성경을 정말 바로 알고 좀 더 정확히 알고 싶다면 본인이 사용하는 성경을 중심으로 여러 성경들을 같이 참고한다면 많은 도움을 얻을 수 있을 것이다. 시중에 성경을 비교해 놓은 여러 CD들이 있으며 무상으로 제공하는 여러 성경 소프트웨어들도 있으니 스스로가 노력해 하나님의 귀한 말씀을 올바르게 분별하기를 기대한다.

---

17) 개역개정성경, 개역성경, 바른성경, 공동번역성경, 표준새번역성경, 킹제임스성경, 현대인의 성경, 현대어성경, 쉬운성경, 우리말 성경 등이 있다.

3

헌 배도의 무서운 사상
(영지주의의 멋진 부활 뉴에이지)

영지주의

영지주의, 뉴에이지, 낯설지 않은 용어이다. 만약 성도 가운데 이 용어들을 처음 듣는다면 죄송한 말이지만 공부 좀 해야 한다. 영지주의와 뉴에이지 사상을 모르고는 성경을 바로 알 수 없고 성경을 올바르게 해석하기가 어렵다. 영지주의와 뉴에이지는 용어만 달리했을 뿐, 창조 이후 지금까지 그리고 주님이 오실 때까지 그 사상은 계속 남아 기독교를 파괴해 왔고 파괴해 나갈 것이다. 모든 종교와 이단의 뿌리가 영지주의와 뉴에이지의 사상을 그 배경으로 한다. 영지주의와 뉴에이지는 문화와 종교 등에 강력한 영향을 미치는 것으로 현대의 잘못된 이단적 무리들이나 종교 통합을 추진하는 세계정부주의자들이 교회를 파괴하기 위해 사용하는 무서운 무기다. 이들의 사상은 너무 광범위하여 그 넓이와 깊이의 실체를 올바로 알기가 무척 어려우나 그 뿌리는 사탄에 기원하고 있다. 그렇기 때문에 기독교에 있어 반드시 경계해야 할 무서운 사상이다. 많은 목회자나 성도들이 영지주의와 뉴에이지가 교회에 미치는 영향을 잘 모르기 때문에 크게 우려하지 않는 경우도 있으며, 이들이 세계정부의 무서운 도구라는 사실도 전혀 모르기 때문에 현시대의 배도에 대한 무서움을 실감하지 못하는 경우가 허다하다. 현대 교회성장에 나타나는 대부분의 프로그램이나 사상들 저변에는 영지주의나 뉴에이지적 사상이 자리 잡고 있으며 이는 참된 교회를 무너뜨리고자 하는 세계정부의 한 축을 담당하고 있다.

영적인 지식을 추구한다는 의미에서 영지주의라는 말이 나왔으나 이들이 추구하는 영적 지식과 성경에서 계시하는 영적 지식은 완전한 차이를 가진다. 대부분의 기독교회사에서는 이 영지주의를 단순히 약 2세기경에 널리 유포되었던 기독교이단으로 보고 있지만, 실제로 이들의 사상은 영지주의라는 이름을 갖기 이전부터 동양의 신비주의와 고대 페르시아, 바빌로니아, 헬라 등의 다양한 신비주의, 철학적 지식, 심지어는 유대교적 요소까지 포함하여 사람들에게 이미 왕성하게 전파되고 있었다. 여기에다 기독교가 나오면서 기독교적 요소까지 가미, 거의 모든 종교의 다양한 사상들을 흡수, 통합 그리고 교리화하여 구체적으로 나타난 것이 영지주의라는 한 종교 혹은 사상적 분파이며, 예수 그리스도 이후 초대교회에 치명적인 영향을 주어 교회를 어지럽힌 무서운 이단이었다.

이 영지주의의 근본을 찾아가게 되면 그들의 영적 지식 가운데 인간은 신적 성품을 갖고 있으며 이런 신적 성품을 찾기 위해 영적 지식을 습득, 결국 인간의 완전한 구원은 신인합일로써 인간이 신의 경지에 이르도록 하는 무서운 사탄적 사상을 그 근본으로 갖고 있다. 이런 사탄적 사상은 영지주의뿐만 아니라 모든 종교의 기본적 교리로 뿌리를 내리고 있으며 하나님의 자리를 탐내 하나님의 자리에 앉고 싶어 했던 사탄의 욕망을 그대로 인간에게 전수한 부서운 사탄의 전략이다.

영지주의는 모든 종교의 기본적 사상이며 근본이 되고 있고 현대는 뉴에이지라는 옷을 입고 나타났다.

영지주의의 무서움은 모든 종교적 요소를 다 내포하고 있기 때문에 기독교를 포함한 다른 대부분의 종교에도 잘 적용되어 그들 종교의 기본적 요소로 자리 잡게 되고, 굳이 영지주의라는 이름을 사용하진 않아도 영지주의적 요소들을 갖도록 하는 것이다. 이것이 사탄의 전술이다.

성경이 구체적으로 완성되지 않았던 초대교회 내 영지주의에 심취한 자들이 비록, 교회로 많이 인도되어 왔으나 올바른 성경적 지식을 가르칠 수 있는 선생들이 많이 없었기 때문에, 영지주의적 요소를 교회서 제거하지 못하고 오히려 영지주의적 사고를 갖고 있는 자들이 교회에서 성도들을 가르치면서 이들의 영지주의적 사상들이 은밀히 교회로 스며들기 시작했고, 교회는 무서운 사탄적 도전에 직면하게 된다. 신약 서신서 대부분이 직접적으로 영지주의를 언급하진 않지만 이들의 영향으로 나타난 교회의 어려움에 대해 호소하고 있음을 우리는 충분히 알 수 있다.

율법주의, 반율법주의, 은사문제, 여성문제, 교회 내 다양한 신앙적 자유를 빙자한 방종문제 등, 이 대부분이 영지주의적 사상과 밀접한 관계를 맺고 있음을 우리가 알아야 한다. 필자가 영지주의나 뉴에이지에 대해 올바로 알지 못하면 성경을 바로 해석하기가 어렵다고 말한 이유가 이런 이유에서이다.

초대교회 때나 현대나 여전히 영지주의적 요소들이 이름만 달리해 교회에 들어와 교회를 미혹하고 있기 때문에 성경을 지도하는 목회자나 성경을 공부하고자 하는 우리 신앙인들은 이들의 무서운 사상을 올바로 알아 이들의 도전으로부터 교회를 지켜야만 한다.

영지주의는 이들의 사상에 근거하여 두 분류로 나타나는데 그 하나가 극단적 금욕주의며 또 다른 하나는 방종주의다. 극단적 금욕주의는 영적 지식을 얻기 위해선 육체를 금욕해야 한다는 것이며, 방종주의는 이미 육체는 타락되어 있기 때문에 영적지식에 그 어떠한 영향도 주지 못한다는 것으로, 육체가 아무리 타락해도 영적 구원과는 아무런 상관이 없다는 것이다. 이런 영지주의적 사상이 기독교에 들어와 극단적 금욕주의는 율법주의와 상당한 일치를 이루고 방종주의는 반율법주의와 그 맥을 같이하게 된다.

구원이란 예수 그리스도를 믿는 것과 동시에 그 행함에 있어 율법을 지켜야 하며 율법적 다양한 행위들을 준수할 때 이루어진다는 율법주의와, 우리는 예수 그리스도를 믿음으로 이미 구원받았기 때문에 우리 육체의 그 어떠한 행위도 구원에 영향을 미치지 않는다 하여 육체의 방종을 허용하는 반율법주의적 사상들이 교회 내에 이미 가라지처럼 자라가고 있을 때, 영지주의적 사상을 갖고 있는 다양한 구성원들이 교회 안으로 유입되면서 이 둘의 사상이 절묘하게 조화를 이루어 교회는 구원에 대해 심각한 문제를 안게 되었다. 교회 내 도덕주의와 방종주의가 맞물려 돌아가면서 구원에 대해 심각한 위해를 가하게 된 것이다. 아울러 영지주의적 신비와 철학들이 동시 다발로 교회로 유입되면서 이로 말미암아 교회 내 은사를 빙자한 신비주의와 여성의 위치 등의 문제들이 전면에 나타나게 되었다.

영지주의 내에서 나타나는 금욕주의는 율법주의와 비슷하나 율법을 강조하기보다 도덕적 삶을 강조하면서 자해, 결혼금지, 출산금지 등을 가르쳤으며, 세상과의 단절, 독신의 삶을 살면서 구원에 이르도록 가르쳤다.[18]

반면 방종주의는 반율법 혹은 율법폐기주의와 비슷한 것으로 한 번 구원받았기 때문에 육신의 모든 삶은 구원에 영향을 미치지 않는다고 보았다. 이런 결과로 도덕적 방종을 가져오고 이에 따른 다양한 육적 방탕이나 타락을 정당화시켜 이미 구원받았기 때문에 더 이상의 회개가 필요 없다는 논리를 가져왔으며, 혹은 회개가 필요 없다고는 가르치지 않으나 회개할 필요를 느끼지 못하도록 미혹하는 일이 나타나곤 했다.

성경에서 나타난 다양한 도덕적 문제로는 음행, 탐욕, 시기, 술 취함, 방탕, 도적질, 더러운 것, 호색, 불의, 분냄, 당 지음, 분리함, 육체의 정욕대로 행함 등으로 수많은 악영향을 교회에 미쳤다. (갈 5:19~21, 고전 6:9~10, 골 3:5~6, 유 1:5~23 등) 육적 방종주의에 빠진 자들은 위와 같은 행위들을 하면서 이런 행위에 대한 정당성을 교리적으로 합리화시켜 교회 내 많은 올바른 성도들을 미혹하는 무서운 일들이 일어나곤 했다.

특히 영지주의자는 남녀 평등 혹은 여성 우위를 주장하며 여자의 지위에 대해 상당히 우호적이었고 여자 사제들도 많이 있었다. 이들 여 사제들은 아주 신비적인 행위들(은사)을 강조하고 광란적 행동들을 자연스럽게 표출했다. 여기에 미혹된 초대교회 당시의 많은 여자들이 교회 내에서 다양한 물의를 일으키자 바울은 그의 서신서에서 여자들에 대한 경계나 경고 혹은 여성 차별적 발언처럼 보이는 언급들을 하곤 했다(고전 14:34~35, 딤전 2:11~12, 딤후

---

18) 개들을 삼가고 행악하는 자들을 삼가고 몸을 상해하는 일을 삼가라 (빌 3:2). 이런 것들은 자의적 숭배와 겸손과 몸을 괴롭게 하는 데는 지혜 있는 모양이나 오직 육체 따르는 것을 금하는 데는 조금도 유익이 없느니라 (골 2:23)

2:11~15 등).

초대교회 때 누룩처럼 번져 간 영지주의 사상은 오늘날 한국 교회를 휩쓸고 있다. 영지주의적 금욕주의를 빙자한 행위 구원의 강조, 혹은 영지주의적 방종을 모방한 도덕폐기론적 구원관, 은사를 빙자하여 영적 신비주의를 조장하는 다양한 형태의 신비적 행위 등 모두 영지주의의 영향 아래 만들어진 사탄적 행위다.

성도들을 성경적으로 지도한다는 것은 쉬운 일이 아니다. 무식하면 용감하듯이 성경을 올바로 알지 못하면서 그저 은혜라 하여 거짓 가르침을 목청 높여 외치면서, 이 말이 하나님의 말씀이요, 진리라고 강변한다. 안타깝고 슬픈 일이다. 교회 내 파고든 영지주의적 사상을 제대로 알지 못한 채 그냥 받은 은혜로만 성도들을 가르치고자 하는 현실이 두렵기만 하다.

뉴에이지

뉴에이지, 영어로 하면 NEW AGE다. 번역하면 새 시대, 새로운 시대라는 의미로 듣기에 그리 나쁘지 않은 용어다. 단순히 단어 그 자체만의 의미는 별문제 될 것이 없어 보이나 뉴에이지라는 이름하에 만들어진 이들의 사상이나, 이 사상을 통한 다양한 뉴에이지적 운동 등이 기독교에 미치는 사탄적 현상들에 대해 교회가 너무 안일하게 대처하고, 심지어는 뉴에이지 사상에 감염되어 이들의 사상을 모방하거나 전파하면서도 뉴에이지인 줄도 모르는 현상이 교회들에 만연되어 있다.

현재 뉴에이지가 미치지 아니한 대중 영역은 거의 없는 것으로 보인다. 심령술과 동양의 신비주의 및 오컬트의 요소들을 활용한 신비적 체험, 영적이고 심리적인 치유와 명상, 그리고 요가, 기 수련, 단, 선 등과 같은 신체수련, 식품에 의한 건강과 치유, 공동체 생활 등을 통한 반 기독교적 변화를 추구하며, 영화, 음악, 미술 등 대중문화 등에 이런 사상과 행위들을 반영하는 뉴에이지적 요소들이 이미 우리 생활에 뿌리 깊이 자리하고 있으며 시대에 동조하는 문화의 한 분류로 취급해 아무런 저항 없이 사람들에게 다가왔고, 시대적 조류니 영적 현상이라 하여 우리의 교회로 침투했다.

근대적 뉴에이지의 시초는 일반적으로 러시아 출신의 여자 강신술사였던 헬레나 블라바츠키(Helena P. Blavatsky)로 보고 있는데, 그녀는 1875년 신지학회(神智学会)를 설립하면서 신에 대한 지식을 얻고자 했다. 이들이 말하는 신은 하나님이 아닌 사탄적 이교도들의 신을 말하며 신비적 영감이나 방법으로 신의 지혜를 얻고자 했다.

블라바츠키 이후에 앨리스 베일리(Alice Baily), 마릴린 퍼거슨(Marilyn Ferguson) 등이 뉴에이지 운동을 확산시켰으며, 이들은 특히 1980년에 출간된 퍼거슨의 『물병자리 공모(The Aquarian Conspiracy)』라는 책에서 전 세계가 '새 시대(New Age)'를 맞고 있다고 선언했다.[19] 특히 영국 출신이며 신지학회 3대 회장을 역임했던 앨리스 베일리(Alice Ann Bailey 또는 Alice A. Bailey, 1880년 6월 16일 ~ 1949년 12월 15일)는 작가이자 교사로서 '영원한 지혜(Ageless Wisdom)'라는 용어를 남긴 신지학(Theosophy)자요, 최고위급 사탄 숭배자다.

『광선과 입문(The Rays and the Initiations)』이라는 그녀의 책에서 666을 신성한 숫자라 했으며 사탄의 지시를 받아 기독교의 근본 가치를 파괴하는 10가지 전략(월간 JESUS ARMY(2014. 7))을 다음과 같이 말하고 있다.

---

19) http://biblemaster.co.kr/bbs

1. 교육 시스템으로부터 하나님과 기도를 제거하라.
2. 아동들에 대한 부모의 권위를 축소시켜라.
   1) 아동 권리를 과잉되게 신장시켜라.
   2) 아동 체벌을 폐지하라.
   3) 교사들을 10가지 전략의 실행요원으로 사용하라.
3. 기독교적 가정 구조를 파괴하라.
   1) 성(性) 문란을 조장하라.
   2) 광고, TV, 신문 잡지, 영화 산업을 이용하여 성적 쾌락이 인생 최고의 즐거움이라고 선전하고 부추겨라.
4. 프리섹스 사회를 만들라. 낙태를 합법화하고 용이하게 하라.
5. 이혼을 쉽게 만들고 합법화하라.
6. 동성애를 대체 생활방식으로 만들라.
7. 예술의 품격을 떨어뜨려라. '미친 예술'이 되게 하라.
8. 미디어를 활용하여 반(反)기독교적 가치를 선전하고 인간의 사고방식을 바꿔라.
9. 종교 통합운동을 일으켜라.
10. 각국 정부가 이런 내용을 법제화하게 하고, 교회가 이런 변화들을 추인하게 만들라.

　이상과 같은 내용이 약 70여 년 전에 나왔는데, 이미 우리들의 사회는 위와 같은 10가지의 내용들이 이루어지거나 아주 익숙한, 그리고 동의하는 시대에 들어왔다. 그리고 교육 시스템 내 하나님과 기도를 제거하거나 동성애에 대한 각국의 법제화가 이루어지고 있다.

뉴에이지 사상은 사탄적 사상으로 영지주의와 더불어 그 기원에
있어서는 창세기 3장 5절을 뿌리로 한다.

> 너희가 그것을 먹는 날에는 너희 눈이 밝아 하나님과 같이 되어 선악
> 을 알 줄을 하나님이 아심이니라

사탄은 하나님과 같아지고자 하는 욕망을 이루지 못하고 그 욕망
을 인간에게로 전가시켜, 인간으로 하여금 선악과를 먹게 하여 하
나님과 같아질 것이라는 거부할 수 없는 유혹으로 인간을 타락시켰
다. 사탄이나 타락된 인간의 마음은 하나님과 같아지고자 하는 욕
망이 자리 잡고, 이런 욕망은 스스로가 신이 될 수 있다는 착각과
교만으로 가득 찬 신의 자리에 이르고자 노력한다.

모든 인간의 마음속에는 신적 불꽃이 있으며 이런 신적불꽃은 영
적지식이나 명상 혹은 다른 인간의 노력 등으로 도달할 수 있다는
만유내재신론적 사상을 주입해, 스스로가 신의 위치에 이를 수 있
음을 강조한다.

뉴에이저인 도날드 월쉬는 "21세기는 내면에 있는 창조주를 만나
는 계몽의 때가 될 것이다. 많은 사람들이 하나님과의 하나 됨을
체험할 것이다."라고 했으며 뉴에이지 사상으로 가득 찬 『마음의
과학』이란 책에서는 "모든 개인들 안에는 우주 전체의 본질을 나누
어 가진 것들이 있으며 그것이 작용하는 한은 하나님이다. 그것이
임마누엘의 의미이며 그리스도라는 단어의 의미이다."라고 했다.

신사도의 기수로서 프리메이슨 말타기사단인 릭 조이너스는 "뉴에이지란 말은 좋은 것인데 기독교가 빼앗겼다. 고로, 되찾아 와야 한다."고 했다. 역시 신사도 운동가인 케네스 코플랜드는 "모든 크리스천은 신이다. 당신 안에 신이 있는 것이 아니다. 당신이 신이다."라는 사탄적 말을 하고 있다. 김진홍 목사는 "명상이란 정신을 하나로 집중하여 모든 생각, 모든 관념을 비워 빈 마음을 이루어내는 작업이다. 불교에서는 명상의 목표를 우주와 진리와의 합일을 목표로 삼는다면 기독교에서는 하나님과의 합일을 목표로 삼는다. 글자 그대로 영적 체험이요, 신비체험이다."라는 뉴에이지적 말을 했다.[20]

창3:5절의 하나님과 같아질 것이라는 사탄의 유혹은 시대를 거치면서 이름을 달리하여 고대 바벨론 종교를 거쳐 영지주의 그리고 오늘날 뉴에이지로 그 맥을 이어오고 있다. 결국 이들의 목표는 적그리스도정부를 만들기 위해 모든 종교를 통합하고 새 시대 종교(NEW AGE RELIGION)를 만들어 전 인류를 사탄의 정부에게로 돌리고자 하는 것이다.

새 시대 지도자들은 이들의 목표를 '계획'이라 하여 다음과 같이 13가지로 세분화하여 진행하고 있다.[21]

목표1. 이 계획의 주된 목표는 하나의 세계를 건설하기 위해 단일 세

---

20) http://blog.daum.net/discern/51

21) 텍스마스 저, 신국진 역, 『새 시대 운동의 비밀』, pp.18~19(서울: 문진당, 1980).

56   무너진 교회

계종교와 단일 세계정부를 세우는 것이다.

목표2. 새 시대 세계종교는 비밀스러운 의식, 마법, 신비주의와 더불어 음란과 우상 숭배가 만연했던 바벨론 종교를 부활시킬 것이다.

목표3. 이 계획은 새 시대 메시아, 즉 666이라는 숫자를 지닌 적그리스도가 육신으로 와서, 통합된 새 시대 종교를 이끌어 가고, 하나의 새로운 세계질서를 이룩하게 될 때 완성된다.

목표4. 영적 안내자(악마)들은 인간이 새 시대를 시작할 수 있도록 도와줌으로써 적그리스도가 세계적인 대 스승으로 인간들에게 추앙받을 수 있도록 그 길을 예비한다.

목표5. '사랑!', '평화!', '단합!'이 새 시대 세계종교의 표어가 될 것이다.

목표6. 새 시대에 대한 교육은 전 세계의 모든 사회 계층에서 행해지고 전파될 것이다.

목표7. 새 시대 지도자들과 신봉자들은 "예수는 신(神)도 아니고 그리스도도 아니다."라는 배도적인 사상을 전파할 것이다.

목표8. 기독교와 그 밖의 다른 모든 종교는 새 시대 세계종교에 종속되어야 할 것이다.

목표9. 기독교의 교리는 믿을 수 없는 것으로 배척될 것이다.

목표10. 학생들을 영적으로 꾀어서 새 시대 교리를 주입시키고, 교실은 그 교리를 전파하는 데 사용될 것이다.

목표11. 이 세상 사람들을 유인하여 인간이 영적인 신이라고 믿도록 온갖 유혹을 다 할 것이다.

목표12. 과학과 새 시대 세계종교는 하나가 될 것이다.

목표13. 이 계획을 거부하는 크리스천들은 제거되어야 한다. 필요하다면 그들을 몰살시켜서라도 세계를 정화시킬 것이다. 크리스천들은 새 시대에서 '정화'되어야 할 첫 번째 대상이며, 이 작업은 그들이 주(Lord)로 믿고 있는 마이 트레야(Lord Maitreya: 새 시대 그리스도)가 분명히 지휘하고 감독할 것이다.

이런 뉴에이지의 목표는 현 세계를 움직이는 프리메이슨이나 일루미나티의 목표와 비슷한데 이는 뉴에이지를 움직이는 대부분의 지도자들이 프리메이슨이거나 일루미나티이기 때문이다.

영지주의의 탈을 쓴 뉴에이지는 영지주의적 사상을 그대로 전수받아 현대교회들을 무너뜨리고 있다. 이들의 공통적 특징들은 다음과 같다. 22)

1. (신적 방출의 결과) 모든 사람 속에는 신성(신적 빛/불꽃)이 있다.
2. 그노시스(영지/지식/통찰)를 통해 이 신성을 깨달은 자들은 신과 합일을 이룬다.
3. 보이는 세상은 저급한 신이 만든 불완전한 창조의 결과이며, 인류는 깨달음을 통해 육체의 감옥으로부터 해방(구원) 된다.
4. 그노시스는 하이어라키(주)로부터 오는 영적 존재(빛의 사자들)의 도움으로 계시된다.

---

22) http://blog.daum.net/discern/51

5. 계시와 통찰은 명상·관상을 통해 온다.
6. 지혜의 전승은 신비 의식(儀式)과 상징을 통해 비전(秘伝) 된다.

재차 강조하건대, 뉴에이지 운동의 영향력이 미치지 않는 곳은 없다. 뉴에이지 운동을 주도하는 그림자 정부는 이미 오래전부터 치밀한 계획 가운데 사람들의 본능, 심리, 삶의 형태들을 면밀히 연구하여 우리에게 적합한 미끼를 제공하면서 이들의 사상을 전파해 왔고, 오늘날 우리 시대를 장악, 대부분 성공을 거두고 있으나 이런 사상적 위험에 대해 경고를 주는 단체는 기독교밖에 없으니, 이들에게 있어 기독교는 그들에게 최후의 적이 될 수밖에 없다. 그래서 이들은 교회통합이란 명분하에 기독교를 흡수해 현재 상당한 효과를 거두고 있으며 이를 거부할 시 최종적으로는 기독교를 박멸할 목적을 갖고 있는 것이다.

교회통합 운동 및 현재 일어나고 있는 신사도주의나 신복음주의의 대부분이 뉴에이지 운동의 일환으로 기독교의 와해를 조장하고 최종적으로 그들의 새로운 정부가 구성될 때 이들을 대항하는 모든 기독교인들을 제거하려고 할 것이다.

뉴에이지 운동이 미치는 영향력은 우리 삶의 필수적 요소에 모두 포진하고 있다. 다양한 서적들을 통해 건강한 삶을 누리는 원리, 다이어트를 통한 새로운 내적 자아의 형성, 명상을 통한 스트레스 해소, 숨은 잠재력 개발, 신인합일사상으로 인간은 신이 될 수 있다는 등 모두가 인간의 본능적 자아를 건드리는 내용들이다.

좀 더 높은 차원의 실재 구현, 또 다른 차원의 우주 탐험, 화려하고 편안한 인상을 주는 포스터, 달력, 공상과학소설 표지, 옴니(Omni) 같은 초현대적인 잡지 등을 통한 예술계의 장악, 전자음악을 통해 반복적 리듬으로 인간의 원초적 자아를 흥분케 하거나 조용한 내면세계의 음악을 통해 신인합일을 유도하는 뉴에이지 음악은 이미 대중들을 사로잡고 있다.

그리고 이들은 최면술이나 홀리스틱 건강법(염력이나 신비적 방법으로 병을 치료하는 방법)이라 하여 인간의 정신세계를 지배하기도 하며, 대중매체(TV나 라디오, 혹은 영화 등)를 통해 사람들에게 마법이나 마술사 등에 대해 친근감을 갖도록 했고(〈나니아 연대기〉, 〈아바타〉, 〈해리 포터와 마술사〉 시리즈, 〈반지의 제왕〉 등), ET 같은 외계인의 영화들을 성행시킴으로 외계인의 당위성과 그들과의 조우 또한 아름답게 꾸미는 일에 일조했다. 대 히트를 쳤던 사랑과 영혼이라는 영화를 통해 인간과 귀신과의 교제나 강신술사의 강신술을 암암리에 믿도록 만들었다.

얼마 전 인기리에 종영한 〈도깨비〉라는 드라마도, 전생과 이생을 통한 환생을 가르치고, 불을 이용해 자신의 수호천사인 도깨비의 호출이라는 신비주의를 조장하는 드라마이다. 수많은 청소년들이 이런 사상에 무방비 상태로 감염되고 있다.

요가와 명상을 일반화시켜 기독교에 관상기도라는 신비적 요소를 도입케 했으며, 이런 요가나 명상 요법들을 기도에 적용시켜 성도들을 미혹하는 목회자들이 부지기수다.

명상이나 요가를 통해 인간의 정신세계를 맑게 하고 이를 통해 건강을 증진하며 특히 잠재적 메시지를 보냄으로 인간의 의식을 알파 상태로 만들어 학습을 증대한다고 하여 학생들에게도 그 영향들을 깊이 미치고 있다. 운동선수들에게는 심상 요법을 이용(상상으로 그 어떤 기술을 연마케 하는 것), 일단의 장소에서 20분 이상 명상을 통해 경기하는 모습을 상상해 자신의 폼이나 스타일 등을 교정하기도 한다. 실제로 뉴에이지의 힘은 우리의 모든 삶을 지배하고 있어 이들의 모든 영향력을 피력한다는 것은 불가능하다.

현대 교회에 있어 배도의 대부분이 영지주의적 사상이나 뉴에이지적 사상이 그 기초를 이루고 있다. 이들은 성경을 이용해 하나님, 예수 그리스도, 성령 등을 이들의 사상에 대입시켜 자신들의 정체를 감추고 교회를 배도의 길로 이끌고 있다. 목사, 선교사라는 그럴듯한 명분하에 성도들을 배도로 이끌어 무너뜨리고 있다. 교회성장, 부흥, 성령의 능력, 예언, 치유, 방언 등의 현란한 영적 용어들을 사용하며 성경적인 양 위장해 교회를 배도로 무너뜨리고 있다. 모든 배도의 기수들은 교회 밖의 인물들이 아니라 교회 안의 인물들이며 대부분이 유명세를 타는 자들이다. 성경을 잘 모르는 성도들은 이들의 유명세에 그저 능력 있는, 하나님이 사용하는 귀한 종으로 받들고 있고 그들의 거짓 기만에 놀아나고만 있는 실정이다. 이런 사실을 전혀 알지 못하고 미혹되는 우리 성도들이 안타깝고 안타깝기만 하다. 이와 같은 목회자 밑에 있게 되면 자신도 모르게 이 운동에 동참하게 되고 이 운동을 지지하게 됨으로써 이 운동의 숨어 있는 음모의 일원이 된다.

사탄은 무서운 존재다. 우리의 영혼을 파괴하고 이 세상을 파괴하고 성도들을 전멸키 위한 무서운 계획을 수립해 완성해 가고 있다. 물론 이러한 사탄의 모든 계획은 주님의 재림으로 무산된다. 그러나 재림 전 사탄의 무서운 전략을 알지 못해 준비하지 못하는 성도는 슬피 울며 이를 갈게 될 것이다.

영지주의와 뉴에이지 등 사상의 교활함은 이들의 사상이 모든 종교의 특성을 고루 갖추고 있어 어떠한 종교든 이들의 사상과 조화되는 요소를 가짐으로, 성경을 제대로 알지 못하면 영지주의인지, 뉴에이지인지, 아니면 기독교인지를 구분하기 힘들어지기도 한다. 그러다 보니 많은 목회자들이 이들의 사상에 미혹되어 이들의 전령사가 되어 하수인 노릇을 하고 있는 것이다.

감히 하나님을 사랑하는 독자들에게 부탁드리는 것은 다양한 서적이나 인터넷의 자료들을 통해 바벨론 신비주의, 영지주의, 뉴에이지 등의 내용들을 심층 있게 연구해 좀 더 성경적인 올바른 판단을 갖추길 당부한다. 좀 더 깊이 있게 다룰만한 여유가 없어 배도에 관련된 부분 일부만 다루었기 때문에, 더 많은 연구가 반드시 있게 되기를 기대한다.

4

뉴에이지로 무장한
세계정부의 등장과 배후세력

세계정부의 등장

세계정부란 용어가 생소할지 모른다. 대중들에게 익히 알려진 용어가 아니기 때문이다. 그러나 NEW WORLD ORDER, 즉 새 세계질서라는 용어는 우리나라에서는 아니지만, 세계에서 자주 사용되는 용어로, 세계정부의 의미를 담고 있다. 우리나라도 세계정부라는 말은 사용치 않더라도 세계화라는 용어를 자주 사용해, 이미 세계정부 속의 한 나라임을 밝히고 있다.

세계정부란 정치, 경제, 사회, 문화, 종교 등의 통합화를 이루어 개별 국가로서의 한 나라가 아니라, 전 국가들이 하나로 통합되는 나라를 말한다. 이 말은 개별 나라의 주권을 없애고 전 세계 위에 설립하는 공동의 정부를 의미하는 것으로, 각각의 개별 국가는 세계정부에 속한 나라로서의 개념이 아니라 한 주로서의 성격을 갖게 되는 것이다.

성경은 세계정부의 설립에 대해 이미 예언해 놓고 있으며, 세계 정부 설립 후 얼마 지나지 않아 그리스도의 재림이 있을 것임을 알려주고 있다. 그렇기 때문에 세계정부의 설립은 하나님의 말씀인 성경을 이루는 것이며, 이는 그리스도의 재림과 연결된 아주 중요한 사안이기 때문에 우리 그리스도인들이 그냥 지나쳐서는 안 될 중요한 사건이다.

우리가 성경 말씀을 듣고 연구할 때 전체에 대해 균형을 이루며 알아야 한다는 것은 두말할 것도 없다. 그러나 지금은 종말의 시대로 접어들었기 때문에[23] 종말에 관련한 다양한 내용들을 검토하고, 여기에 관련된 내용을 성경과 비교해, 성경적으로 올바로 알아야 한다는 것을 강조함은 지나치지 않다. 지나친 종말에 대한 강조나 재림에 대해 두려움을 주는 것은 올바른 자세가 아니다. 하지만 여기에 대해 침묵하는 것 또한 잘못된 것이다. 혹 필자의 생각인지 몰라도, 작금 나타나는 재림에 대한 징조들을 우리가 무심코 지나쳐 버리거나, 예전에 일어났던 그 어떤 사건들과 동일시하여 대수롭지 않게 생각하기엔, 징조의 정도가 너무 강하게 나타나고 있다.

성경은 다양한 종말의 징조를 계시하고 있다. 그 가운데 강력한 증거 중의 하나가 세계정부의 등장이다. 성경 상으로 세계정부라는 용어는 찾아볼 수 없지만, 마지막 시대 등장할 세계정부의 모습을 정확히 성경은 계시하고 있다.

세계정부는 곧 짐승의 정부로서, 세계를 하나의 정부로 통치하여, 하나님을 대적하고 교회를 박해하며 성도들을 박해하는 일들이 세계정부 차원에서 일어나게 될 것이다.

---

23) 이것은 개인의 주관적 견해가 아니라, 현재 나타나는 종말에 관한 다양한 성경적 징조들을 검토 함으로써 내린 결론이다.

최초의 세계정부 형태는 하나님을 조직적으로 대적하고 우상을 섬기기 위해 신전을 만들었던 니므롯의 바벨탑 사건에서 정확히 나타난다.[24] 당시 언어가 하나이며 정치, 경제, 종교등이 하나 되어 니므롯을 중심으로 한 바벨탑, 즉 이들의 우상을 섬기기 위한 신전을 쌓게 되고, 이에 대해 인간들의 행위의 악함을 보시고 하나님께서 이들의 언어를 혼란케 함으로써 그들의 역사가 중단됨을 성경은 말하고 있다.

우리가 성경을 억지로 풀면 위험하지만[25], 그러나 전체 성경 내용을 통해 계시적 차원에서 알려주는 다양한 내용들을 서로 비교해 보면서 성경적 결과를 추론하는 것은 필요하다.

성경의 바벨탑 사건이 종말에 나타날 세계정부의 예언적 성격으로 그 사건을 하나님께서 기록케 하신 것인지는 우리가 알 방도가 없다. 그러나 하나 된 조직, 하나 된 세상, 즉 바벨탑을 쌓던 그 당시 하나 된 사람(조직, 세계)들을 통해 분명히 알 수 있는 일은, 이들이 하나가 되어 조직적으로 하나님께 대항하는 일을 했다는 것이다. 이미 다양한 고고학적 조사를 통해 바벨탑은 단지 전망대 성격의 탑을 의미하는 것이 아니라, 신(우상)을 섬기기 위해 만들어진 신전이었다는 사실에 모두 동의하고 있다. 그리고 하나님께서 단지 탑을 쌓는 인간들의 행위에 대해 분노하셨다는 것은 납득하기 어려운 일이다. 하나님의 분노의 원인은 우상을 섬겨 하나님을 대적하

---

24) 창세기 11장에 나타나는 내용이다.

25) 또 그 모든 편지에도 이런 일에 관하여 말했으되 그 중에 알기 어려운 것이 더러 있으니 무식한 자들과 굳세지 못한 자들이 다른 성경과 같이 그것도 억지로 풀다가 스스로 멸망에 이르느니라 (벧후 3:16)

기 위해 탑을 쌓는 인간들의 행위에 분노하신 것이다. 범죄한 인간에게서 선의 행실은 찾아볼 수 없다. 그리스도의 은총이 아니면 그 어떤 인간도 하나님의 은혜를 받을 수 없다.

하나가 된다는 것은 결코 나쁜 일이 아니다. 세계 모두가 하나되어 마음을 같이해 해결하기 힘든 여러 가지 일들이나 어려움을 이겨낸다면, 당연히 우리가 환영해야 할 일이다. 그러나 범죄로 인해 패역한 마음을 가진 인간의 하나 됨은 그 시작에 있어서는 자유, 평화, 행복, 평등, 박애, 복지, 화합이니 하면서 그럴듯하게 포장되어 나타날지 모른다. 그러나 그 진행에 있어서는 결국 하나님을 대적하는 일들로 나타나게 되고, 사탄을 경배하고자 하는 일들로 마무리될 것이 분명하다.

바벨탑 사건은 이런 사실을 우리에게 알려준다. 바벨탑 사건에서 하나 되어 나타난 인간의 패역한 모습을 볼 때, 앞으로 전 세계가 하나로 이루어질 세계정부 역시 하나님을 조직적으로 대적하는 일이 일어날 것이 분명하다.

마지막 시대에 등장할 세계정부에 대한 내용은 필자 개인의 생각이 아니라 성경에 정확히 계시된 것으로, 다니엘 2장, 다니엘 7장, 요한계시록 13장 등에 자세히 나타나고 있다.

다니엘 2장은 바벨론의 느부갓네살 왕이 꾼 꿈의 내용을 다니엘이 해석해주는 내용이다. 바벨론의 느부갓네살 왕은 꿈에 큰 신상을 보게 된다. 그 신상의 머리는 정금이며, 가슴과 팔은 은이고, 배와 넓적다리는 동이고, 종아리는 철이며, 발과 발가락은 철과 진흙으로 되어 있었다. 그리고 사람의 손으로 하지 않은 뜨인 돌이 신상의 철과 진흙의 발을 쳐서 부숴뜨렸다. 그 신상은 다 부서져 여름 타작마당의 겨같이 되어 바람에 불려 간 곳이 없어졌다. 우상을

친 돌은 태산을 이루어 온 세계에 가득하게 되었다. [26]

하나님께서 느부갓네살에게 이런 놀라운 꿈을 보여주신 것은 바벨론 이후의 세계 역사에 대한 안내이자, 이 세계가 하나님의 주권 하에 있음을 보여주시는 것이다.

다니엘은 느부갓네살에게 하나님의 은총으로 이 꿈을 해석해 준다. 머리인 정금은 바벨론이며, 가슴과 팔은 은의 나라로 바벨론을 멸망시킨 페르시아를 말하고, 배와 넓적다리는 동의 나라로 페르시아를 멸망시킨 헬라 제국을 말한다. 또 철로 된 종아리는 헬라 이후 나타나는 로마를 말하고 있다. 이후 철과 진흙이 합쳐진 발과 발가락의 나라가 등장하는데, 이는 철과 같이 강한 나라와 진흙과 같이 약한 나라가 서로 하나가 되는 것을 의미한다. 그리고 비록 하나가 되었다 하더라도, 철과 진흙이 합쳐지지 않는 것처럼, 비록 많은 나라들이 서로 다른 인종과 섞일 것이나 피차에 합쳐지지는 않는다는 것도 친절히 안내하고 있다. 이후 열왕의 때에 하늘의 뜨인 돌이 신상을 박살내고, 새로운 하나님의 나라가 이 땅에 이루어지게 된다. 이 나라는 하나님이 세우신 나라로서 영원히 망하지 않고, 그 국권이 다른 백성에게로 돌아가지도 않으며 영원히 설 것이라고 했다.

하나님께서는 느부갓네살의 꿈을 통해 하나님 나라의 이 땅 도래와 그리스도의 재림, 그리고 이후 나타나는 하나님의 왕국을 미리 알려주고 있다.

---

26) 단 2:32~35

다니엘의 해석 가운데 철의 시대인 로마 시대까지에 대한 해석은 대부분의 성경학자들이 일치하는 해석들이다. 그러나 마지막 나라인 철과 진흙의 나라, 즉 열 발가락의 나라에 대해서는 상당 부분 이견을 보인다. 대부분이 열 발가락의 시대를 열 개의 나라가 하나로 되는 나라로 해석해서, 예전 유럽 연합의 10개국으로 해석하기도 했다.

그러나 열 발가락의 시대는 10개국의 나라만을 의미하는 것이 아니라, 발과 발가락 모두 철과 진흙으로 하나가 되는 나라, 즉 세계의 모든 나라들이 하나가 되는 나라를 의미한다고 볼 수 있다. 발가락 10개 모두를 구체적으로 표현한 것은 모든 나라들의 연합으로 보는 것이 더 분명한 해석이 된다.

이는 로마 시대 이후 그리스도를 통한 이방인들의 구원사역이 이루어지면서 그리스도 재림 직전 나타날 열 발가락의 시대, 즉 세계정부의 등장을 말하고 있는 것이다. 그리고 다니엘서 7장과 신약 요한계시록 13장에 등장하는 짐승의 시대인 열 뿔의 시대가 올 것을 말함으로써 다시 한 번 확증하고 있다.

열 발가락이란 완전수 10을 의미하는 것일 뿐만 아니라, 사람의 열 발가락은 완전한 발을 의미하는 것이다. 즉 열 발가락 시대는 전 세계가 하나의 나라로 연합하는 시대를 의미한다. 비록 이 나라들이 겉모습은 하나로 되지만, 철과 진흙이 합해지지 않는 것처럼, 그 본질에 있어서는 하나가 되지 못함을 성경은 계시하고 있다.[27] 만약 사람의 발가락이 20개였다면, 20발가락 시대라고 했을 것이다.

---

27) 왕께서 철과 진흙이 섞인 것을 보셨은즉 그들이 다른 인종과 서로 섞일 것이나 피차에 합하지 아니함이 철과 진흙이 합하지 않음과 같으리이다 (단 2:43)

성경은 다니엘서 2장에 나타난 세계 역사에 대한 하나님의 시간표를, 다니엘서 7장에서는 다니엘의 꿈을 통해 다시 한 번 계시하고 있는데, 여기서는 짐승의 모습으로 세계 역사의 진행을 계시하고 있다. 이 중 네 번째 짐승에 대한 계시에 있어, 이 짐승은 앞선 짐승과는 달리 심히 무섭고 그 이는 철이며 발톱은 놋이라고 했고 머리에는 열 뿔이 있음을 말하고 있다.[28]

이 열 뿔 달린 짐승은 다니엘 2장에서 말하는 열 발가락 시대를 말하는 것이다. 한 짐승에게서 열 뿔이 나는 것은, 한 짐승인 세계정부에 속한 모든 나라들을 의미하는 것으로 볼 수 있다. 이 세계정부는 성도들을 박해하고 성도들과 싸워 이기는 나라로 묘사되고 있다. 이는 세계정부가 의도적으로 성도들을 핍박한다는 사실을 계시하는 말씀이다.[29]

구약에 나오는 세계정부 등장에 대한 계시는 신약의 마지막 책인 요한요한계시록에서도 그 정체를 밝히고 있다. 사도요한이 요한요한계시록을 기록할 당시 의도적으로 다니엘서의 여러 계시, 특히 세계정부 계시에 대한 내용을 숙지하고 요한계시록을 기록한 것은 아니다. 하나님의 강권적인 역사하심으로 말미암아 사도요한은 천상에서 이 지상의 상황을 기록한 것이다. 그런데 놀라운 사실은 사도요한 역시 다니엘서에서 계시한 세계정부에 대한 내용을 다니엘

---

28) 이에 내가 넷째 짐승의 진상을 알고자 했으니 곧 그것은 모든 짐승과 달라서 심히 무섭고 그 이는 철이요 그 발톱은 놋이며 먹고 부숴뜨리고 나머지는 발로 밟았으며 또 그것의 머리에는 열 뿔이 있고 그 외에 또 다른 뿔이 나오매 세 뿔이 그 앞에 빠졌으며 그 뿔에는 눈도 있고 큰 말하는 입도 있고 그 모양이 동류보다 강하여 보인 것이라 (단 7:19~20)

29) 내가 본즉 이 뿔이 성도들로 더불어 싸워 이기었더니 (단 7:21)

서와 전혀 다르지 않게 기술하고 있다는 사실이다.

요한계시록에서의 세계정부에 대한 계시는 요한계시록 13장에 나타 난다. 요한계시록 13장은 후 3년 반의 환난 시대에 들어가는 장이다. 이미 짐승 정부인 세계정부가 구성되어 하늘에서 패한 사탄이 지상으로 쫓겨나면서, 당시 짐승 정부의 수장인 적그리스도에게로 들어가 우리 성도들을 무섭게 박해하는 장면을 보여준다. 이 짐승 역시 열 뿔을 가진 짐승으로 나타나고 있으며, 마흔두 달 일할 권세를 받아 성도들과 싸워 이긴다고 계시하고 있다.

세계정부는 인간들이 만들어낸 가상적인 이야기가 아니라, 이미 하나님께서 성경에서 계시한 놀라운 사실이다. 전 세계가 하나 되어 세계정부가 나타날 것이라고는 아무도 상상치 못한 일이다.

성경에 나타난 열 발가락, 혹은 열 뿔 시대가 무엇을 상징하는지는 대부분의 성경학자들도 해결할 수 없는 난제였다. 그러나 지금은 문제가 다르다. 성경을 모르는 많은 사람들이 세계정부라는 용어를 사용하기 시작했고, 예수를 믿지 않는 다양한 인터넷 사이트에서도 세계정부에 대한 많은 사실들을 알리고 있다. 예수를 믿든 믿지 않든, 이 세상은 하나님의 계획과 섭리대로 진행되고 있음을 우리는 놀라운 마음으로 지켜볼 뿐이다.

2010년 8월 15일『한겨레신문』칼럼에서 전 농림부 장관인 허신행 박사는 "세계정부의 수도는 한반도에 있어야 한다"라는 말을 하기도 했다. 그는 "한 생각이 세계를 움직일 수도 있다. 그 생각이 정당하고 세계와 인류를 위하는 것이라면, 우리의 뜻대로 이 대한민국이 세계의 구원의 중심지가 될 것이다"라고 했다. 이어 그는 세계정부 구성에 있어 가장 걸림돌이 되는 것은 종교라고 했다.

유엔미래보고서 2030에서는 세계 단일 화폐 추진을 2024년 경에 실시하고, 2030년 경에는 단일 세계정부를 구성하게 될 것이라는 보고를 내놓고 있다.

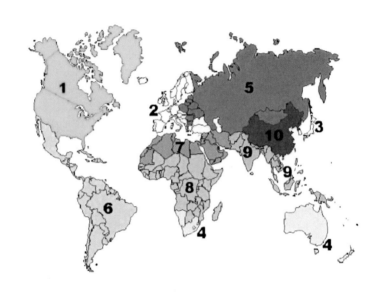

이 그림은 1973년 일루미나티의 하부조직인 로마 클럽을 통해 발표된 세계정부(신세계 질서) 수립 계획안이다. 이들은 전 세계를 10개의 연방으로 나눠놓고 있으며 북한은 중국과, 우리나라는 일본과 연방을 이루는 것으로 되어 있다. 성경의 10발가락 시대를 연상케 한다.

현대에 들어 본격적 세계정부 구성의 움직임이 나타난 것은 제1차 세계대전 이후 국제연맹이 창설되면서부터이다. H. G. 웰스는 그의 저서 『역사의 대계』라는 책에서 세계정부 구성을 호소하고 있다.[30] 이어 1969년 노벨상을 수상한 경제학자인 얀 틴베르헨(Jan Tinbergen)[31]이 유엔에서 발표한 '94년도 인간개발 보고서 특별 기고문'을 발표함으로써 세계정부 구성에 대한 논의가 더욱더 구체화되었다. 그 결과 유엔에 국제형사재판소가 신설되었고, 국제통화기금(IMF)은 세계은행과 하나로 통합하여 세계 단일정부 은행으로 만들려고 계획되었다.[32]

얀 틴베르헨이 유엔에서 발표한 '94년도 인간개발 보고서 특별 기고문'의 일부를 보자.[33]

> 인류의 문제는 더 이상 각 국가 정부의 힘으로 해결할 수 없다. 세계 정부가 필요하다. 세계정부를 이루려는 목표는 UN 체계를 강화함으로써 달성할 수 있다. 우선 몇몇 UN 기구들을 권고 기관에서 실행 기관으로 바꾸는 방법이 있다. 그렇게 하면 식량농업기구(FAO)는 세계 농업성, 유엔공업개발기구(UNIDO)는 세계 공업성, 그리고 국제노동기구(ILO)는 세계 사회업무성이 될 것이다. 전적으로 새로운 기구가 필요하기도 하다. 예를 들어 상설 세계경찰을 창설한 뒤 국가들에게 소환장을 발부해, 국제사법재판소나 새로 창설될 특수 재판소에 강제

---

30) 1920년 H. G. 웰스는 그의 책 *The outline of History*의 마지막 장에서 세계정부의 수립을 호소하고 있다.

31) 화란 출신의 경제학자로, 1903년 출생하여 1994년 6월 9일에 사망했다.

32) http://cafe.daum.net/ciak (한국기독교 정보힉회 운영자 답변 349)

33) Ibid.

로 나오게 하는 권한을 주어야 한다. 만약 재판을 받는 국가들이 사법 재판소의 판결을 준수하지 않을 경우, 세계경찰은 군사적, 비군사적 제재를 가할 수 있어야 한다. (중략) 국제통화기금(IMF)을 개혁한 세계은행도 창설해야 하는데, 이는 화폐 정책, 금융 정책, 증권거래 정책 등을 다룰 것이다…

그리고 얼마 전(2017년 3월 12일 연합뉴스) 일루미나티의 대변인 역할을 하고 있는 세계적 석학 스티븐 호킹 박사는 "AI 통제를 위한 세계 정부를 구성하는 것이 시급하다"고 말하기도 했다. 호킹 박사는 최근 영국 『더타임스』와의 인터뷰에서 "인공지능의 급성장으로 사람의 힘으로 통제 불가능한 시점이 빠르게 다가오고 있다"면서 "사람의 힘으로 통제 가능한 지금 시점에 AI 기술을 통해 발생할 수 있는 잠재적인 위협을 규정하고 세부적인 지침을 만들어야 한다"고 말했다. "가능하다면 전 세계적으로 인공지능 기술의 사용 용도와 규제에 대한 표준화가 이뤄져야 하며, 신설된 세계 정부기관이 법규를 만드는 것이 가장 최선의 방법"이라고 강조했다.

이런 세계정부의 구성은 현재 유엔을 중심으로 이루어지고 있다. 이미 전 세계는 유럽 연합, 아프리카 연합, 아시아 연합, 남미·북미 연합 등의 대륙 간 하나로 만들어지고 있으며, 머지않아 대륙 대 대륙 간 하나로 연합해 세계정부가 구성될 것이 틀림없다.

세계정부의 구성은 결국 언어, 정치, 경제, 종교의 통합을 주도할 것이다. 이런 통합이 가능해야 세계정부 구성이 가능하게 된다. 그렇기 때문에 세계정부 구성을 위해 노력하는 단체나 무리들은 각각의 분야별로 세분화되어 정치, 경제, 언어, 종교의 통합을 위해 노력한다. 이미 정치와 경제, 그리고 언어 면에 있어서는 대부분의 통합을 이루어 냈다. 그러나 종교에 있어서는 현재 기독교의 강력한 저항에 부딪히고 있으나 세계정부의 노력(WCC)과 배도한 교회들이 중심이 되어 곧 종교도 통합될 것으로 보인다.

다니엘 2장, 7장, 요한계시록 13장의 비교

다니엘 2장			다니엘 7장		요한계시록 13장	
느부갓네살 왕의 꿈(신상)			다니엘의 환상(짐승)		사도요한의 환상(짐승)	
머리	정금	바벨론	사자	바벨론	사자, 곰, 표범 같은 열 뿔 달린 짐승의 등장	세계정부의 통치
가슴, 팔	은	메데, 파사	곰	메데, 파사		
배와 넓적다리	놋	헬라	표범	헬라		
종아리	철	로마	열 뿔 달린 짐승	세계정부		
발	철과 진흙	세계정부				

다니엘 7장과 요한계시록 13장의 비교

다니엘 7장	요한계시록 13장
바다에서 나오는 짐승(7:3)	바다에서 나오는 짐승(13:1)
사자, 곰, 표범, 열 뿔 달린 짐승이 차례로 등장(7:3~8)	사자, 표범, 곰 같은 모양의 한 짐승의 등장(13:1~2)
네 번째 짐승은 열 뿔이 있음(7:7, 24)	한 짐승이 나오는데 뿔이 열임(13:1)
열 뿔 가운데 다른 작은 뿔이 나옴(7:8)	용이 짐승에게 권세를 줌(13:4)
성도들을 박해함(7:21)	성도들을 박해함(13:7)
한 때와 두 때와 반 때 동안 권세를 받음(7:25)	마흔두 달 동안 짐승이 권세를 가짐(13:5)
하나님의 왕국 건설됨(7:21~22,26~27)	하나님의 왕국이 건설됨(19:11~20~6)

다니엘서 7장에서의 짐승은 한 마리 한 마리 차례로 나오면서 열 강의 등장을 말하고 있다. 그러나 요한계시록 13장의 짐승은 한 짐 승이 다니엘 7장에서 보여주는 짐승 전체의 모습을 하고 있다. 이 는 다니엘서에서는 아직 역사의 진행 상태를 보여주는 진행도를 나 타내고 있지만, 요한계시록 13장은 주님 재림 직전 환난 시대에 들 어서 있는 한 짐승의 모습인 세계정부의 형태를 보이는 것이다. 이 는 재림 직전 세계정부가 구성된 뒤의 일이기 때문에, 다니엘서 7 장에 나타나는 모든 짐승의 모습을 한 짐승으로 표현해, 모든 나라 가 하나로 된 세계정부의 모습을 보여주는 것이다.

성경에 계시한 세계정부는 반드시 탄생한다. 지금 이 작업이 급 속히 이루어지고 있으며, 경제와 정치, 문화와 종교 등의 통합을 위 해 부단히 노력하고 있다.

우리의 전면에 등장하게 될 세계정부는 고대 영지주의적 사상과 현대의 뉴에이지 사상으로 무장해, 우리의 전 생활과 신앙 분야에 깊숙이 침투해 들어와 있다. 단지 시대적 흐름으로 만들어지는 현 상이 아니라, 보이지 않는 그림자 정부의 손에 의해 계획화되고, 이 계획 하에 진행되고 있는 것이다. 앞으로의 우리 시대는 원하든 원 치 않든 세계정부의 일원으로 살게 될 것이고, 우리의 모든 삶 또 한 세계정부의 통치하에 놓이게 될 것이다.

세계정부의 도래를 반대할 사람은 거의 없다. 전 세계가 하나 되 어 잘살아보자 하는데, 누가 반대하겠는가. 세계정부의 무서운 음 모를 일반인들이 알 길이 없기 때문에 모두의 환호 속에 등장하게 될 것이다. 그러나 이 세계정부는 짐승의 정부, 사탄을 경배하는 정 부로서, 기독교에 대한 무서운 박해가 진행될 것이 분명하다. 세계 정부의 정책에 반대하는 그리스도인들을 법적으로 협박하여 이들의 정책에 따르도록 만들 것이며, 이에 반대하는 모든 그리스도인들은 법적으로 처벌시킬 것이다. 성경은 다음과 같이 우리에게 권면한다.

성도들의 인내가 여기 있나니 저희는 하나님의 계명과 예수 믿음을 지키는 자니라 (계 14:12)

세계정부의 배후세력 프리메이슨 - 일루미나티

이 내용은 본인의 앞선 책 『무너진 교회』의 내용을 재편집한 것임을 밝혀둔다. 앞의 책 내용을 재편집해 기록하는 이유는 앞의 책 절판으로 책 구입이 어려울 뿐 아니라 독자들이 잘못 이해한 부분들도 있기 때문이다.

성경에서 계시하는 세계정부에 대해 올바로 알지 못하면, 비록 그가 그리스도인이라도 세계정부의 하수인이 될 것이다. 성경을 가르치는 목회자들 또한 이들의 정체를 올바로 파악하지 못하면, 성도들을 배도의 무서운 자리로 인도하게 될 가능성이 다분하다. 잘 몰라 그렇다는 어설픈 변명은 아무런 도움이 되지 않는다. 잘 모르면 지금부터라도 좀 더 성경을 통해 이들의 정체에 대해 공부하고 연구해도 늦지 않다. 세계정부의 정체에 대해 알아야 에스겔, 다니엘, 에스라, 느헤미야, 특히 요한계시록 등의 말씀들이 서로 연결되어, 마지막 시대의 경고에 대한 여러 말씀들의 퍼즐이 맞추어진다. 그리고 성도들에게 배도의 무서움에 대해 경계하기를 또한 게을리하지 않게 된다.

두려운 것은 마지막 한 이레[34]의 시대가 진행되기 전부터, 그리고 한 이레가 진행되면서 교회의 배도 현상은 극에 달하게 될 것이며[35], 이 배도의 주역들이 성경을 가르치는 교역자들이 될 것은 자명한 일이다. 이 사실을 직시할 때 그 안타까움은 이루 말할 수 없다. 지금 일어나고 있는 배도의 모습을 눈이 있는 성도라면 둘러보고, 귀가 있는 성도라면 그 소리를 들어보라. 배도하는 음녀의 모습이 보일 것이며, 배도에 환호하는 목회자나 성도들의 외침이 들릴 것이다.

현 교회의 모습들을 보면, 곧 등장할 세계정부와 더불어 교회는 배도의 거대한 물결에 휩쓸리게 될 것이다. 이는 불 보듯 뻔한 일이다. 세계정부 구성의 움직임이 숨 가쁘게 돌아가고 있는 현 시점에, 세계정부를 움직이는 보이지 않는 세력이 있다. 이 세력이 프리메이슨이며, 일루미나티이다. 프리메이슨과 일루미나티는 서로 다른 조직 같으나 같은 조직이며, 서로 같은 것 같으나 때론 다른 조직이기도 하다.

원래 프리메이슨이 먼저 만들어지고 난 뒤 일루미나티가 만들어져 따로 존재했었다. 그러나 일루미나티가 프리메이슨에 가입하면서, 이 둘은 각자이면서 하나로서의 사상을 갖고 현재까지 이어져 오고 있다.

---

34) 다니엘이 말한 70이레 중 멈춰진 한 이레, 즉 7년 환난의 때를 말한다.

35) 누가 아무렇게 하여도 너희가 미혹하지 말라 먼저 배도하는 일이 있고 저 불법의 사람 곧 멸망의 아들이 나타나기 전에는 이르지 아니하리니 (살후 2:3)

일루미나티가 프리메이슨에 합류되면서 본격적인 사탄 숭배 의식이 나타나게 된다. 그것은 일루미나티의 창시자인 아담 바이스 하우프트가 사탄 숭배자였기 때문이다.

프리메이슨에 합류된 일루미나티(illuminati)는 프리메이슨과 같은 목적을 가지고 프리메이슨을 돕는 비밀결사 조직체가 되었다. '빛으로부터 온 것'이란 뜻을 가지고 있는데, 그 빛은 루시퍼, 즉 사탄을 가리킨다.

일루미나티는 당시 재계의 거물인 로스차일드의 도움을 받아, 1776년 5월 1일 독일 바이에른 지방에서 예수회 소속 '아담 바이스 하우프트'에 의해 창설되었다. 그는 약관 27세의 나이에 잉골슈타트 대학의 법학부장을 지냈다. 남보다 뛰어난 재능과 극단적인 자유사상으로 인해 보수파들로부터 강한 견제를 받았으나, 자기와 의견을 같이 하는 동지를 규합하여 비밀리에 집회를 열고, 그들의 사상이나 세계관을 계몽하기 시작했다.

당시 유럽에 만연했던 자유사상과 맞아떨어진 일루미나티는 짧은 기간 동안 회원 수를 광범위하게 늘려나갔다. 그러던 중 1782년 7월 16일, 빌헬름스바트에서 일루미나티와 프리메이슨 간의 동맹 체결이 이루어지고, 양 조직의 결합으로 당시 300백만 명이 넘는 인원을 포용하는 대 조직이 되었다. 그러면서 일루미나티 정신이 프리메이슨 내에 활발하게 확산되었으며, 사탄 숭배 의식이 급속도로 전파되었다.

일루미나티의 창시자인 아담 바이스 하우프트는 바벨론 종교와 이집트 종교 및 마술과 점성술 등에 심취하고 사탄을 숭배하던 자였다. 그는 일루미나티라는 조직을 창시하여 독일의 프리메이슨 조직에 관심을 집중하다가, 이 조직을 이용할 수 있다는 생각으로 독일 프리메이슨의 데오돌 지부에 가입했다. 그리고 눈 깜짝할 사이에 지부의 핵심 세력으로 부각되어, 그 지부를 완전히 장악했다.

　기존의 온건한 프리메이슨 측에서는 이 같은 급진적인 움직임을 알고 미연에 차단하려고 했다. 그러나 이미 너무 깊숙이 자리 잡고 있었기 때문에 어찌할 방도를 찾지 못하다가, 1782년 7월 16일 두 조직이 프랑크푸르트 부근의 빌헬름스바드(Wilhelmsbad)에서 회담을 갖고 하나로 통합하게 되었다. 이때로부터 프리메이슨 조직은 공식적으로 사탄을 숭배하는 조직으로 변모된다.[36]

　그리고 오늘날에 와서는 고위 프리메이슨의 대부분이 일루미나티이고, 고위 일루미나티의 대부분이 프리메이슨이다. 이 둘은 서로 뗄 수 없는 관계로, 같은 목적을 갖고 일하고 있다. 그렇기 때문에 프리메이슨이면 일루미나티이고, 일루미나티이면 프리메이슨이다. 그 때문에 프리메이슨이라는 용어 속에 일루미나티가 들어가며, 일루미나티라는 용어 속에 프리메이슨이 들어가게 된다.

　한때 카톨릭은 프리메이슨에 대해 냉담했다. 그러나 일루미나티의 창시자인 아담 바이스 하우프트가 카톨릭 예수회 소속이었기 때문에, 일루미나티와 같은 목적을 갖고 움직이는 프리메이슨들과 연합하지 않을 수 없었다. 결국 카톨릭은 프리메이슨, 일루미나티와 더불어 세계정부 구성에 막강한 영향력을 행사하게 될 것이며, 특히 WCC와 더불어 종교 통합에 박차를 가하게 될 것이다.

　사실 프리메이슨이나 일루미나티들이 세계정부를 구성해 단일 세계정부를 만들고자 하는 일들이 기독교와 아무런 관련이 없다면,

---

36) http://cafe.daum.net/ciak/6KEc/391 (한국기독교 정보학회 프메 인물정보 63)

우리는 이들을 경계하거나 이들의 사상에 대해 깊이 알 필요도 없을 것이다. 쓸데없는 일이기 때문이다. 그러나 이들이 만들고자 하는 세계정부는 성경에 이미 계시된 정부로, 하나님을 대적하고 기독교를 전면에 나서서 박해할 무서운 짐승의 정부가 될 것이다. 더불어 이들의 중요 사상 가운데 교회를 배도의 물결 속으로 몰아넣는 무서운 프로그램들이 이들의 손에 의해 만들어지고, 교회가 이 프로그램들에 대한 성경적 검토 없이 무분별하게 도입해 배도의 길로 치닫도록 한 것이다.

프리메이슨 32계급인 마리 P. 홀은 『프리메이슨의 잃어버린 열쇠』라는 책에서 "프리메이슨의 수수께끼를 푸는 열쇠는 살아갈 수 있는 힘을 바르게 아는 것"이다. "그 힘은 루시퍼의 소용돌이치는 에너지"라고 하여 루시퍼 숭배 사상을 부르짖고 있다. 프리메이슨의 신비한 의식에 참여한 사람은 자신도 모르게 점차적으로 세뇌되어 참된 신은 루시퍼라고 믿게 된다. 이는 그들이 루시퍼는 빛의 창조자이며 아침의 아들(계명성)이고, 루시퍼가 바로 하나님이라고 가르치기 때문이다.

프리메이슨의 최고위 그랜드 마스터(Grand Master)였던 알버트 파이크(Albert Pike)는 그가 쓴 프리메이슨 교리지인 Instruction에서 다음과 같이 기록하고 있다.

루시퍼는 곧 하나님이다. 불행하게도 아도나이(여호와)도 하나님이다. 추함이 없는 아름다움은 존재할 수 없고, 검은 게 없으면 흰 것도 없다. 절대적인 존재는 두 개의 하나님으로 존재한다. 어두움은 반드시 빛이 필요하다. 우주적인 원리는 어차피 힘겨루기가 필수적이다. 참되고 순수한 철학적 종교는 바로 루시퍼를 믿는 것이다. 루시퍼는 곧 아도나이와 동격으로, 루시퍼는 빛의 신이며 선의 신이다. 이 신이 바로 인류를 위해 아도나이와 싸우고 있다.

알버트 파이크는, 빛의 신인 루시퍼가 아담의 빛이 즉시 사라지는 것을 방지하기 위해 선악을 아는 과일을 먹지 못하도록 했는데, 어둠의 신인 여호와가 하와를 만들어 아담을 유혹해 육신에 빠지게 함으로써 악하게 만들고 육적인 것에 묶이도록 했다고, 그의 책 『모럴과 도그마』에서 말하고 있다.[37]

알버트 파이크는 1889년 7월 14일 〈세계 프리메이슨 법황, 세계 제23 최고 위원회를 위한 지침서〉에서 그의 교리책을 인용해 다음과 같은 말을 회원들에게 했다.[38]

절대권자이며 대 감찰장이신 당신에게 32도 31도 30도에 있는 형제들에게도 똑같은 말씀을 주시도록 간구합니다. 메이슨교는 이제 막 시작한 자로부터 고위 지위에 있는 자들에게 계명성(Lucifer)의 교리의 순수성을 유지해야 합니다. 그렇습니다. 루시퍼(계명성)는 하나님이십니다. 또한 불행하게도 아도나이(여호와, 야훼) 역시 하나님이십니다…. 계명성(Lucifer)이여, 빛의 신이고 선의 신이며 어두움과 악의

---

37) http://blog.naver.com/PostView.nhn?blogId=sototoro81&logNo

38) http://cafe.daum.net/ciak/6KEc/391 (한국기독교 정보학회 질문과 답변 60)

신인 아도나이(여호와, 야훼)와 인류를 위해 싸우고 있습니다.

　이들의 세계정부 구성의 목적은 결국 사탄인 루시퍼의 세상, 즉 짐승의 세계로 만들고자 하는 것이다. 이들에게 있어 최후의 제거 대상자는 기독교인이다. 왜냐하면 그들의 사상과 정면으로 부딪히기 때문이다.

　전 세계의 정치나 경제, 문화, 예술, 교육, 군사, 외교, 스포츠, 환경, 의학, 과학, 매스컴, 영화 등, 이 세계를 움직이는 모든 중요 조직들 뒤에는 프리메이슨 혹은 일루미나티들이 존재한다. 그렇기 때문에 현재의 우리들은 이들의 영향을 받지 않을 수 없고, 이들이 만들어놓은 각종 혜택을 활용할 수밖에 없는 실정이다. 이들의 7대 목표는 다음과 같다. 이는 뉴에이지의 목표와 거의 일치한다.

　1. 모든 개별 국가를 없앤다.
　2. 사유재산 제도를 폐지한다.
　3. 개개인의 상속권도 인정하지 않는다.
　4. 애국주의를 없앤다.
　5. 모든 종교를 제거한다.
　6. 결혼제도 폐지를 통해 가족제도를 폐지한다.
　7. 세계 단일정부를 수립한다.

세계교회협의회라 하여 기독교적 색채를 갖고 종교 통합에 앞장
서고 있는 WCC는 프리메이슨 조직인 왕립국제문제연구소 비밀조
직의 하부 조직에 들어 있다. 현재 존재하는 모든 종교에 대해 개
방하고, 타종교와의 통합을 위해 새로운 새 시대의 종교를 구현하
기 위해 움직이는 프리메이슨의 비밀단체다. 이런 사실을 알고도
우리 그리스도인들이 WCC와 협조하여 일할 것인가.

　미국의 초대 대통령인 조지 워싱턴 이하 미국 대통령의 대부분이
프리메이슨이거나 일루미나티이다. 미국은 이들에 의해 건립된 나
라로서, 1달러 지폐를 비롯하여 곳곳에 이들의 상징들이 나타나고
있다. 세계적인 지도자들이 이 조직에 속해 있고, 전 세계의 경제를
움직이는 큰손들이 이 조직에 속해 있다. 세계적인 학교와 방송국
들이 이들의 손에 있으며, 문화 예술 단체들도 이들에 속해 있다.

알려진 프리메이슨(일루미나티) 관련 단체

프리메이슨이거나 프리메이슨 계열에 관련된 단체를 보면 놀라지 않을 수 없다. 우리도 모르는 순간 이들은 이미 우리의 삶에 너무 깊이 뿌리를 내려버렸다. 본인도 그렇지만 대부분의 일반인들, 심지어 프리메이슨에 속한 사람들조차도 이런 사실을 잘 모른다. 이미 우리 사회 전반에 이들의 영향이 미치지 않는 곳이 없다. 이들이 만든 식품을 먹어야 하고 이들이 만든 학교에 다녀야 하며, 이들이 만든 약을 먹어야 하고 이들이 생산하는 물건을 사용해야 한다. 이들이 이룩한 문명의 혜택을 받아야 하고, 이들이 이룩한 과학 앞에 순응해야 한다. 그렇지 않으면 이 사회에 존속하기가 어렵다. 그리고 한 사회의 구성원으로 살아가는 이상, 이들의 이런 영향을 거부하거나 물리치기란 현실적으로 불가능하다. 비록 이들의 최종 목적이 적그리스도의 왕국을 세우는 것이지만, 겉으로 드러난 선한 일들도 많이 하고 있고, 실제로 우리 삶에 도움 주는 일들도 많이 있기 때문이다.

그리스도인들도 사회의 한 구성원이다. 그렇기 때문에 이런 현실을 받아들여야 하며, 이들의 영향력으로부터 벗어나 생활할 수는 없다. 또 그렇게 할 필요도 없다. 주어진 삶에 최선을 다해 믿음을 지키며 살면 된다. 그러나 반드시 명심해야 할 것은, 우리 그리스도인들이 비록 이런 세계에 살아가지만 주님에 대한 배도적 사상이나 가르침, 배도적 형태의 다양한 영향력은 철저히 분별하여 미연에 차단하고, 성경 중심의 믿음을 지켜 신앙이 잘못되지 않도록 주의해야 할 것이다.

아래 단체들 중에는 프리메이슨의 직접적인 일을 수행하는 단체도 있고, 프리메이슨 중의 한 멤버가 단체를 설립함으로써 그들의 영향을 피해갈 수 없는 단체들도 있는데, 기독교의 대부분 단체들이 그런 성격을 띠고 있다. 기독교 성격을 띠고 있는 프리메이슨 성향의 연합체들이 갖고 있는 공통적 특징은 알파코스와 G12 등의 잘못된 프로그램을 사용하고 에큐메니컬, 다원주의, 번영(성공)주의, 상황주의, 열린예배, CCM, 신비주의 등 신사도주의, 신복음주의적 노선에서 활동하고 있다.

실제로 프리메이슨에 연관된 모든 단체들이나 인물, 그리고 그들과 연관된 운동을 모두 다 알기는 불가능하다. 그렇기 때문에 인터넷 상에 올라와 있거나 혹은 우리가 익히 들어본 단체들에 대해서만 간단히 살펴본다. 그러나 이 모든 단체들이 모두 프리메이슨 단체라 단정하기엔 좀 더 많은 연구가 필요할 것으로 보인다. 왜냐하면 많은 인터넷 사이트들이 구체적인 증거를 제시하지 않고 서로 간에 펌해 올려두었기 때문이다. 그렇기 때문에 본인은 독자들의 주의를 환기키 위해 인터넷 상에서 올라와 있는 내용들을 정리해 보았다. 그리고 이들 단체에 대한 구체적 내용들은 인터넷을 통해 많이 알려져 있으므로 독자의 노력을 통해 더 많은 내용들을 알 수 있을 것이다. 독자들의 연구를 당부한다. 아래 내용들은 차우정[39] 박사의 포도원 역사 시리즈 제 3권 프리메이슨에 나오는 내용들을 정리한 것이다.

1. 비기독교 단체
   1) 세계시온주의(Universal Zionism)
   2) 페이비언 협회(Fabian Society) : 점진적 사회주의자로서 300인 위원회의 지시로 미국 정책에 영향을 주었다.
   3) 보이스카우트, 걸스카우트 : 이들의 선서와 맹세 의식은 프리메이슨의 입단식과 비슷하다.
   4) 국제 적십자사(International Red Cross)
   5) 그린피스(Green Peace)
   6) 말타 기사단(Knights of Malta)
   7) 전미 여론조사 센터
   8) 신지학 협회(Theosophist Society) : 마법과 신비주의를 보급하고 있다.
   9) 템플튼 재단
   10) 카네기 재단
   11) 록펠러 재단
   12) CMS 영어선교원(CMS=Church Mission School)
   13) 몬테소리(Montessori=이탈리아의 독재자 무솔리니 초대 회장 역임)

---

39) 1996년 합동정통에서 목사안수를 받고 육군사관학교 교수, 보안사령부 정보장교, 한미 제1야전사 보안반장 등을 거쳤으며 현재 군 선교를 위해 노력하고 있으며 군 선교지인 월간 『포도원』의 발행자이다.

14) 여호와증인 왕국회관 : 창설자가 프리메이슨이다.

15) 몰몬교(말일성도 예수그리스도교회) : 창설자가 프리메이슨이다.

16) 통일교 : 창설자 역시 프리메이슨이다.

17) 국제비정부기구(NGO)

18) 마피아

19) KKK

20) 라이온스 클럽

21) 로터리 클럽

2. 기독교 단체 혹은 프리메이슨의 영향을 받은 운동들

1) 세계교회협의회(WCC=World Council of Churches)[40]

2) 기독교청년회(YMCA)

3) 기독교여자청년회(YWCA)

4) 프라미스 키퍼스(PK=Promise Keepers) 운동

5) 알파코스(Alpha Course)나 G12 운동, 그리고 D12(두 날개 운동)
는 프리메이슨에 속한 것은 아니나, 이들이 하는 여러 운동들은
프리메이슨의 영향을 받은 것임에 틀림없다. 왜냐하면 이들 대부
분이 열린예배, CCM 찬양 선호, 신사도적 운동이나 신복음적 운
동을 하고 있기 때문이다.

6) 뜨레스디아스(Tres Dias) 운동

7) 셀 운동

8) 열린예배 및 CCM 운동

9) 국제예수전도단(YWAM : Youth With A mission) : 창시자가 프

---

40) 한국 기독교에는 8개 교단이 가입되어 있다. 대한예수교 장로회(통합), 한국 기독교장로
회 총회(기장), 기독교 대한 감리회, 구세군 대한 본영, 대한성서공회, 기독교 대한 하나님
의 성회(순복음), 정교회 한국 대교구(성공회) 등 이상 8개 교단이다.

리메이슨이다.

10) 네비게이토(Navigators) 선교회

11) 국제대학생선교회(CCC) 역시 창시자가 프리메이슨이다.

12) 포스트모더니즘(postmodernism)

13) 종교다원주의, 번영주의

14) 성시화 운동 및 홀리 클럽

3. 기업

1) 브리티시 페트롤리움(BP) 사, 필립오일, 쉘오일, 걸프오 : 석유회사

2) 로열 더치 셸 사 : 석유회사

3) 제너럴 일렉트릭(GE) 사 : 항공기 엔진과 의료 영상설비를 생산할 뿐 아니라 금융업에도 관계하며, 다수의 제조업체를 소유하고 있다.

4) 포드 및 GM 사 : 자동차

5) 클라이슬러 사 : 자동차

6) 웨스팅하우스 : 전기

5) 질레트 : 면도기

6) 립톤 : 홍차

7) 제록스

8) IBM 사

9) 마이크로소프트 사

10) 암웨이

11) 디즈니랜드

12) 록히드, 더글라스, 보잉, TWA : 모두 항공사다.

13) 제너럴 Food

14) 웬디스(패스트푸드)

15) SPAM

16) 코카콜라

17) HP 사(컴퓨터 회사)

4. 은행

1) 미국 연방준비 은행 : 미국의 화폐를 발행하는 중앙은행으로, 유
   대인 일루미나티 소유의 민간 기업이다.

2) 잉글랜드 은행

3) 국제 결제은행(BIS)

4) 세계은행(World Bank)

5) 홍콩 앤드 상하이 은행

6) 아메리칸 익스프레스 은행

7) 노바스코샤 은행

8) 프루덴셜 생명보험사

9) J. P. 모건 은행

10) 체이스 맨해튼 은행

11) 제일 국립 City 은행

12) America 은행

13) 수출입 은행

14) IMF : 국제통화기금

15) IBRD : 국제부흥개발 은행(UN 산하 국제 금융기관) 등 세계적인
    금융 단체들이 프리메이슨에 속해 있다.

5. 기관

1) NASA 우주국

2) 미 국방성 (Pentagon) 고 국무성

3) 모사드 : 이스라엘의 정보기관

4) MI-6 : 300위원회를 위해 비밀작전을 수행하는 영국의 비공식

정보기관

    5) CIA : 미국 일루미나티의 각종 비밀작전국

    6) NATO : 북대서양 조약기구

6. 방송, 언론, 영화

    1) CBS, NBC, BBC : 미국 방송사

    2) TBN, CBN : 미국 최대의 기독교 방송사들

    3) 『워싱턴 포스트』 신문사(통일교 문선명이 인수함)

    4) 『뉴욕 타임즈』

    5) 『로스엔젤레스 타임즈』

    6) 『월스트리트저널』

    7) MGM 영화사, 워너 브러더스 영화사

    8) 『내셔널 지오그래픽』 등

7. 학교

    1) 하버드 대학(Harvard University)

    2) 메사추세츠 공과대학(MIT)

    3) 프린스턴 대학(Princeton Univercity)

    4) 베일리 대학

    5) 예일 대학

    6) 콜럼비아 대학

    7) 시카고 대학

    8) UCLA 대학

    9) 노틀담 대학

    10) 보스턴 대학

    11) 조지타운 대학 등

인터넷 상에 올라온 내용 중 일부분만 정리했다. 프리메이슨이나 일루미나티들은 이들의 기업이나 학교 그리고 이들이 관련된 곳에는 자신들이 프리메이슨 혹은 일루미나티임을 상징[41]하는 많은 표시들을 하기 때문에, 이들 상징들에 대해 우리가 좀 알면, 대체적으로 그들과의 관계를 알 수 있다.

프리메이슨이 활동하지 않는 나라는 없다. 미국이나 영국뿐만 아니라 전 세계적으로 이들의 활동은 광범위하게 이루어지고 있다. 우리나라도 1900년대 초부터 프리메이슨의 지부인 한양라지가 세워지면서, 이들의 활동이 공식화된다. 회원 대부분이 선교사들이다. 프리메이슨이 우리나라에 본격적인 활동의 계기를 마련한 것은 기독교의 책임임을 통감하지 않을 수 없다. 한국인 프리메이슨 1호는 공식적으로는 초대 대통령인 이승만 박사로 나타나지만, 정확한 사실은 알기 어렵다. 그리고 종교인 프리메이슨의 대부분이 기독교 인사라고 하니 참으로 안타까운 일이다. 현재 국내에는 약 6만 명 정도의 프리메이슨이 있는 것으로 추정하고 있으며, 이 중 목회자들이 약 300여 명 정도 된다고 한다.[42]

그러나 안타까운 것은, 이런 모든 내용들은 단지 추정에 그칠 뿐이라는 점이다. 외국과는 달리 아직 우리나라에서 국내 프리메이슨에 대한 전문적 내용들을 밝히는 연구, 특히 기독교와 관련해 이루어진 연구는 거의 없다. 몇몇 사람들이 연구한 내용들(이 내용들도 근거가 아주 빈약하다)을 무작위로 펌하여 인터넷 카페에 도배질하

---

41) 이들의 대표적인 상징은 피라미드, 오벨리스크, 전시안, 바포멧(오망성), 다양한 손 사인 (sign) 등이 있다.

42) http://cafe.daum.net/ciak/6KEc/391

면서 인용 출처를 밝히고는 마무리한다.

본인도 기독교와 관련한 국내 프리메이슨에 대한 전문적인 연구 내용이 혹 있지 않나 하여 인터넷 자료나 다양한 서적, 논문들을 찾아보고 검토해 보았다. 하지만 제대로 연구된 책이나 사이트, 논문을 찾기 어려웠다. 그렇기 때문에 국내 프리메이슨들, 특히 기독교적 관점에서 정확한 내용을 밝힌다는 것은 쉽지 않은 일이다. 그렇지만 우리나라에 있어 외국 프리메이슨들의 공식적인 활동이 1900년대 초라면, 100년 이상의 시간이 지난 지금 상당히 많은 프리메이슨들이 존재하고 있는 것만은 사실이다. 어쩜 우리 생각 이상으로 다양한 분야에서 영향력을 미치고 있을 것으로 판단된다.

필자가 살펴본 바로는, 기독교적 관점에서 프리메이슨, 일루미나티에 대해 가장 광범위하고 성경적으로 잘 분석한 카페는 한국기독교정보학회[43] 카페였다. 한국기독교정보학회의 카페장인 필레오 목사님의 기독교와 관련된 프리메이슨 혹은 일루미나티에 대한 연구는 거의 독보적 수준이다. 물론 다른 연구 또한 그 깊이가 놀랍다.

다른 대부분의 기독교 사이트나 카페들은 독자적인 연구라기보다는, 이미 올려진 정보들을 다시 올리는 경우가 많고, 서로 같거나 비슷한 내용들이 주류를 이루었다.

프리메이슨들은 공통된 분야(종교면 종교, 정치면 정치, 경제면 경제 분야 등)에서 주로 자신들의 로지에 가입된 사람들과 어울린다. 그렇기 때문에 우리나라 사람으로서 외국 프리메이슨들과 자주

---

43) http://cafe.daum.net/ciak

교제하고 상당한 친분이 있다면, 일단 주의해서 살펴볼 필요가 있다. 특히 기독교인으로서 외국 프리메이슨 목사들을 자주 초청해 집회를 한다거나 그들에게 우호적 태도를 보이고, 그들의 프로그램들을 교회에 도입해 활용한다면, 이는 우려할 만한 일이다.

다양한 인터넷 사이트에서 전·현직 다수의 정치인들과 우리나라 굴지의 기업들, 중요 신문사들이 이미 프리메이슨화 되었다고 알리고 있으나, 이에 대한 정확한 근거와 자료는 희박하다. 그러나 우리가 정확히 알 수 있는 것은, 그들 조직의 하나인 삼변회 회원들 자료이다.

삼변회(Trilateral Commission)는 현재 미국 인터넷 사이트[44]에 가면 직접 확인할 수 있다. 고 노무현 대통령을 포함해 우리나라 인물 15명이 태평양 아시아 클럽에 포함되어 있다(The Trilateral Commission By William P. Litynski May 2007). 아래는 프리메이슨 단체 중 삼변회 홈페이지에 있는 태평양 아시아 그룹의 명단들인데, 그 중 우리나라 사람들도 다수 포함되어 있음을 알 수 있다.

PACIFIC ASIAN GROUP

Ali Alatas, Advisor and Special Envoy of the President of the Republic of
    Indonesia; former Indonesian Minister for Foreign Affairs; Jakarta
Narongchai Akrasanee, Chairman, Seranee Holdings Co., Ltd., Bangkok
Philip Burdon, former Chairman, Asia 2000 Foundation; New Zealand

---

44) http://www.stopthenorthamericanunion.com/TCMembers.html
    http://www.trilateral.org/page/7/membership

Chairman, APEC; former New Zealand Minister of Trade Negotiations; Wellington

Fujio Cho, President, Toyota Motor Corporation

Cho Suck-Rai, Chairman, Hyosung Corporation, Seoul

Chung Mong-Joon, Member, Korean National Assembly; Vice President, Federation Internationale de Football Association (FIFA); Seoul

Barry Desker, Director, Institute of Defence and Strategic Studies, Singapore

Takashi Ejiri, Attorney at Law, Asahi Koma Law Office

Jesus P. Estanislao, President and CEO, Institute of Corporate Directors/Institute of Solidarity in Asia; former Philippine Minister of Finance; Manila

Hugh Fletcher, Director, Fletcher Building, Ltd.; former Chief Executive Officer, Fletcher Challenge; Auckland

Hiroaki Fujii, Advisor and former President, The Japan Foundation; former Japanese Ambassador to the United Kingdom

Shinji Fukukawa, Executive Advisor, Dentsu Inc.

Yoichi Funabashi, Chief Diplomatic Correspondent and Columnist, The Asahi Shimbun

Carrillo Gantner, Vice President, Myer Foundation; Melbourne

Ross Garnaut, Head, Department of Economics, Research School of Pacific and Asian Studies, Australian National University, Canberra

* Toyoo Gyohten, President, Institute for International Monetary Affairs; Senior Advisor, Bank of Tokyo-Mitsubishi, Ltd.

Han Sung-Joo, President, Seoul Forum for International Affairs; former Korean Minister of Foreign Affairs; former Korean Ambassador to the United States; Seoul

* Stuart Harris, Professor of International Relations, Research School of Pacific and Asian Studies, Australian National University; former Australian Vice Minister of Foreign Affairs, Canberra

Tan Sri Dato' Azman Hashim, Chairman, AmBank Group, Kuala Lumpur

John R. Hewson, Member, Advisory Council, ABN AMRO Australia

Earnest M. Higa, President and CEO, Higa Industries

Shintaro Hori, Managing Partner, Bain & Company Japan, Inc.

Murray Horn, Managing Director, Institutional Banking, ANZ Banking Group, Ltd.; former Parliament Secretary, New Zealand Treasury; Auckland

Hyun Hong-Choo, Senior Partner, Kim & Chang, Seoul; former Korean Ambassador to the United Nations and to the United States; Seoul

Hyun Jae-Hyun, Chairman, Tong Yang Group, Seoul

Shin'ichi Ichimura, Counselor, International Centre for the Study of East Asian Development, Kitakyushu

Nobuyuki Idei, Chairman and Group CEO, Sony Corporation

Takeo Inokuchi, Chairman and Chief Executive Officer, Mitsui Sumitomo Insurance Company, Ltd.

Noriyuki Inoue, Chairman and CEO, Daikin Industries, Ltd.

Rokuro Ishikawa, Chairman, Kajima Corporation

Motoo Kaji, Professor Emeritus, University of Tokyo

Koji Kakizawa, former Member, Japanese House of Representatives; former Minister for Foreign Affairs

Kasem Kasemsri, Chairman, Natural Park Public Co., Ltd., Bangkok.; former Deputy Prime Minister of Thailand;

Koichi Kato, Member, Japanese House of Representatives; former Secretary-General, Liberal Democratic Party

Trevor Kennedy, Chairman, Oil Search, Ltd.; Chairman, Cypress Lakes Group, Ltd.; Sydney

K. Kesavapany, Director, Institute of Southeast Asian Studies, Singapore

Kim Kihwan, International Advisor, Goldman Sachs, Seoul; former Korean Ambassador-at-Large for Economic Affairs

Kim Kyung-Won, Adviser, Kim & Chang Law Office, Seoul; President Emeritus, Seoul Forum for International Affairs; former Korean Ambassador to the United States and the United Nations; Pacific Asia Deputy Chairman, Trilateral Commission; Seoul

Kakutaro Kitashiro, Chairman of the Board, IBM Japan, Ltd.; Chairman, Japan Association of Corporate Executives

Shoichiro Kobayashi, Advisor, Kansai Electric Power Company, Ltd.

* Yotaro Kobayashi, Chairman of the Board, Fuji Xerox Co., Ltd.; Pacific Asia Chairman, Trilateral Commission

Akira Kojima, Chairman, Japan Center for Economic Research (JCER)

Koo John, Chairman, LS Cable Ltd.; Chairman, LS Industrial Systems Co.; Seoul

Kenji Kosaka, Member, Japanese House of Representatives

Lee Hong-Koo, Chairman, Seoul Forum for International Affairs, Seoul; former Korean Prime Minister; former Korean Ambassador to the United Kingdom and the United States

Lee In-ho, former President, Korea Foundation; former Korean Ambassador to Finland and Russia; Seoul

Lee Jay Y., Vice President, Samsung Electronics, Seoul

Lee Kyungsook Choi, President, Sookmyung Women's University, Seoul

Adrianto Machribie, Chairman, PT Freeport Indonesia, Jakarta

* Minoru Makihara, Senior Corporate Advisor, Mitsubishi Corporation

Hiroshi Mikitani, Chairman, President and CEO, Rakuten, Inc.

Yoshihiko Miyauchi, Chairman and Chief Executive Officer, ORIX Corporation

Isamu Miyazaki, Special Advisor, Daiwa Institute of Research, Ltd.; former Director-General of the Japanese Economic Planning Agency

* Kiichi Miyazawa, former Prime Minister of Japan; former Finance Minister; former Member, House of Representatives

Yuzaburo Mogi, President and Chief Executive Officer, Kikkoman Corporation

Mike Moore, former Director-General of the World Trade Organization; former Prime Minister of New Zealand; Member, Privy Council; Geneva

Moriyuki Motono, President, Foreign Affairs Society; former Japanese Ambassador to France

Jiro Murase, Managing Partner, Bingham McCutchen Murase, New York
* Minoru Murofushi, Counselor, ITOCHU Corporation
Masao Nakamura, President and Chief Executive Officer, NTT Docomo Inc.
Masashi Nishihara, President, National Defense Academy
Taizo Nishimuro, Chairman and Chief Executive Officer, Toshiba
    Corporation
Roberto F. de Ocampo, President, Asian Institute of Management; Former
    Secretary of Finance, Manila
Toshiaki Ogasawara, Chairman and Publisher, The Japan Times Ltd.;
    Chairman, Nifco Inc.
Sadako Ogata, President, Japan International Cooperation Agency (JICA);
    former United Nations High Commissioner for Refugees
* Shijuro Ogata, former Deputy Governor, Japan Development Bank; former
    Deputy Governor for International Relations, Bank of Japan; Pacific Asia
    Deputy Chairman, Trilateral Commission
Sozaburo Okamatsu, Chairman, Research Institute of Economy, Trade &
    Industry (RIETI)
* Yoshio Okawara, President, Institute for International Policy Studies;
    former Japanese Ambassador to the United States
Yoichi Okita, Professor, National Graduate Institute for Policy Studies
Ariyoshi Okumura, Chairman, Lotus Corporate Advisory, Inc.
Anand Panyarachun, Chairman, Thailand Development Research Institute
    (TDRI); former Prime Minister of Thailand; Bangkok
Ryu Jin Roy, Chairman and CEO, Poongsan Corp., Seoul
Eisuke Sakakibara, Professor, Keio University; former Japanese Vice Minister
    of Finance for International Affairs
**Sakong Il, Chairman and Chief Executive Officer, Institute for Global
    Economics; former Korean Minister of Finance; Seoul**
Yukio Satoh, President, The Japan Institute of International Affairs; former
    Japanese Ambassador to the United Nations
Sachio Semmoto, Chief Executive Officer, eAccess, Ltd.

Etsuya Washio, President, National Federation of Workers and Consumers Insurance Cooperatives (ZENROSAI): former President, Japanese Trade Union Confederation (RENGO)

Koji Watanabe, Senior Fellow, Japan Center for International Exchange; former Japanese Ambassador to Russia

Osamu Watanabe, Chairman, Japan External Trade Organization (JETRO)

Taizo Yakushiji, Executive Member, Council for Science and Technology Policy of the Cabinet Office of Japan; Executive Research Director, Institute for International Policy Studies

Tadashi Yamamoto, President, Japan Center for International Exchange; Pacific Asia Director, Trilateral Commission

Noriyuki Yonemura, Counselor, Fuji Xerox Co., Ltd.

Note: Those without city names are Japanese Members. Korean names are shown with surname first.

Former Members in Public Service

Hong Seok-Hyun, Korean Ambassador to the United States
Masaharu Ikuta, Director General, Postal Services Corporation.
Yoriko Kawaguchi, Special Advisor to the Prime Minister of Japan
Hisashi Owada, Judge, International Court of Justice
Takeshi Kondo, President, Japan Highway Public Corporation (Nihon Doro Kodan)
Richard B. Cheney, Vice-President, the United States of America

우리가 우려하는 것은 기독교계에서 인정받고 나름 교회성장을 잘 이룬 많은 목회자들이 직·간접적으로 프리메이슨이나 일루미나 티 혹은 로마 카톨릭과 연결되어 있음은 심각한 일이다. 현재 교회

성장을 위해 도입한 수많은 교회성장 프로그램들 대부분이 이들에 의해 고안된 것이고, 교회 통합의 주체들 또한 대부분 이들에 의해 주도되고 있는 실정이다.

차우정 목사가 밝히고 있는 외국 유명인사 중 프리메이슨이거나 일루미나티 혹은 이들과 밀접한 관계를 맺고 있는 사람들은 다음과 같다.

빌리 그래함(Billy Graham) : 신복음주의자, 프리메이슨 33도, 프랭클린 그래함(Franklin Graham) : 빌리그래함의 아들, 프리메이슨, 노만 빈센트 필 : 뉴욕 마블 협동교회 목사, 『가이드포스트』지 발행인, 『적극적 사고방식』의 저자, 종교다원주의자, 프리메이슨 33도, 랜디 필립스(Randy Phillips) : 약속 이행자(Promise Keeper) 선교회 회장, 빌 브라이트(Bill Bright) : CCC[대학생 선교회] 창시자 및 회장, 루이스 팔라우(Luis Palau) : 남미의 복음주의 지도자, 찰스 콜슨(Charles Colson) : 감옥 선교회 회장, 팻 로버트슨(M. G. Pat Robertson) : 리전트 대학 총장, 700클럽 회장, CBN(미국 기독교 방송) 사장, 프리메이슨 33도, 오럴 로버츠(Oral Roberts) : 오럴 로버츠 대학 설립자, 프리메이슨 33도, 제시 잭슨(Jesse Jackson) : 목사, 민주당 상원의원, 프리메이슨 33도, 제임스 돕슨(James Dobson) : 미국의 가정상담 사역의 권위자, PK의 동원책, 고 로버트 슐러(Robert Schuller) : 미국 수정교회(Crystal Church) 담임목사, 『긍정적 사고방식』의 저자, 종교다원주의자, 프리메이슨 33도, 베니 힌(Benny Hinn) : 오순절 은사운동 지도자, 고 캐더린 쿨만(Cathryn Kuhlman) : 여성 오순절 은사운동 지도자. 일명 미시즈 펜트코스트(Mrs. Pentecost), 후안 까를로스 오르띠즈 : 『제자입니까?』의 저자, 존 윔버(John Wimber) : 은사운동의 한 갈래인 빈야드 운동의 지도자, 고피터 와그너(Peter Wagner) : 교회성장학자, 은사운동주의자, 신복음주의자, 잭 헤이포드(Jack Hayford) : Church on the Way〔교회〕 목사, 빌 하이벨스(Bill Hybels) : 윌로우 크릭〔교회〕 목사〔장로교회〕, 열린예배의 도입자, 빈슨 사이넌(Vinson Synan) : 리전트 대학 교수, 짐 패커(Jim. I. Packer) : 리전트 대학 석좌교수, 존 스토트(John Stott) : 복음주의 기독 서적 저술가, 릭 워렌 :『목적이 이끄는 삶』의 저자, 조엘 오스틴 :『긍정의 힘』 저자, 죠셉 스토웰(Joseph Stowell) : NKJV 성경번역 위원, 부루스 윌킨슨(Bruce Wilkinson) : NKJV 번역 위원,『야베스의 기도』 저자 등.

이상의 인물들 외에도 헤아릴 수 없을 정도로 많은 기독교 인사들이 프리메이슨이나 일루미나티에 관련되어 있다.

이들과 연관된 우리나라 기독교 지도자들도 많이 있다고 알려져 있으나 현재 우리나라에서 알려진 프리메이슨 혹은 이들과 연관된 인사들에 대해 정확히 그 증거를 밝히면서 알리고 있는 내용들은 거의 없다. 필자의 앞선 책에서도 한국 인사의 일부를 밝히기는 했으나 이 또한 정확히 알 수 없다는 사실을 분명히 했다. 그럼에도 불구하고 필자가 인터넷상의 내용을 인용해 실명을 거론하며 혹 타인들에게 프리메이슨인 것처럼 오해를 주었다면 용서를 구한다. 그러나 앞서 열거한 외국의 기독교 인사들과 교류하거나 앞에서 말한 교회성장이란 미명하에 이들과 유사한 방식의 프로그램을 활용하고 이들에 대해 긍정적 신호를 보이는 목회자가 있다면, 경계를 늦추어선 안 될 것으로 보인다.

현재 일어나고 있는 신사도주의, 신복음주의, 알파코스, G12, 관상기도, 예언운동, 신비주의 등의 모든 일들이 정통 기독교를 무너뜨리고, 새로운 새 시대 종교를 만들기 위해 도입된 무서운 계략들이다. 교회를 담임하는 목회자들이 이를 전혀 모르기 때문에, 그저 나타나는 현상들의 이상만 바라보고 아무런 성경적 검증 없이 도입해 자신들의 교회에 적용시키려 한다. 처음에는 뭔가 있는 것 같고 성령의 놀라운 역사 같은 느낌을 받을지 모르지만, 결국 성도들을 성경과 멀어지게 만들고, 성경에서 가르치는 참된 하나님, 참된 예수님, 참된 성령님을 놓쳐 버리는 무서운 결과를 가져오게 된다. 필자는 이런 경험을 실제로 한 사람이다. 실로 두려운 일들이 지금 일어나고 있다.

교회를 무너뜨리는 계획

　　　　　　　　　　　　　　　전 세계의 정치와 경제, 문화
등의 모든 영역에 영향을 미치고 있는 세계정부주의자 프리메이슨
이나 일루미나티 그룹들의 최종 제거 대상은 순수한 하나님의 교회
다. 이들이 하나님의 교회를 제거하고자 하는 것은, 이들의 목표에
최후까지 동조하지 않는 유일한 집단이 순수한 하나님의 교회이기
때문이다. 이들은 새로운 새 시대에 걸맞은 새로운 종교를 통해 전
인류를 하나로 묶으려는 계획을 갖고 있다. 그 때문에 이들의 이런
계획에 올바른 하나님의 교회들은 절대 협조할 수 없다.

　기독교에 있어 절대 양보할 수 없는 유일한 진리가, 다른 종교에
선 찾아볼 수 없는 예수 그리스도 외엔 구원의 길이 없다[45]는, 독
특하면서도 절대적인 교리이다[46]. 다른 종교들이나 세속인이 바라

---

45) 예수께서 가라사대 내가 곧 길이요 진리요 생명이니 나로 말미암지 않고는 아버지께로
　올 자가 없느니라 (요 14:6)
　다른 이로서는 구원을 얻을 수 없나니 천하 인간에 구원을 얻을 만한 다른 이름을 우리에
　게 주신 일이 없음이니라 했더라 (행 4:12)

볼 때, 이런 우리의 교리가 배타적이며 독선적이고 모든 다른 종교들을 차별하는 차별주의자로 비칠 수밖에 없다. 그러나 기독교 교리는 배타적이고 독선적이며, 차별적이 아니라 기독교의 핵심 진리이다. 이 진리가 무너지면 기독교가 무너지고, 존재 가치를 잃어버린다. 그렇기 때문에 여기에 도전하는 모든 것에 대해 철저히 거부하고 저항하게 되는 것이다.

세계정부를 구성하고자 하는 자들은 기독교의 핵심 교리를 모를리 없다. 이들 또한 기독교에 대한 연구를 깊이 하고 있기 때문에, 기독교의 핵심 진리에 대해 잘 알고 있다. 단지 인정하지 않고 받아들이지 않을 뿐이다. 그렇기 때문에 참된 기독교들은 이 진리를 지키기 위해 목숨까지 버릴 각오로 싸운다는 사실도 잘 알고 있다.

오늘날 표면적으로 드러난 기독교의 위세는 결코 무시할 수 없다. 우리나라만 하더라도 거의 1,000만에 이르는 기독교인들이 존재하고 있고, 전 세계적으로는 십 수억에 이른다. 그렇기 때문에 강압적으로 기독교를 굴복시키기란 쉽지 않다. 이런 사실을 잘 알고 있는 세계정부주의자들은 강압적인 방법이 아닌 다른 방법으로 교회를 와해시키고 기독교를 무너뜨리는 방법을 연구했다. 그것은 기독교의 정통 교리와 성도들의 삶을 파괴하는 방법들이다.

이들은 절대 교회를 없앤다는 말을 하거나 신앙을 포기하라는 말을 하지 않는다. 오히려 교회 일에 더욱더 협조적이고, 때론 많은

---

46) 예수 외엔 구원이 없다라는 진리는 성경을 알지 못하면 절대 알 수 없는 진리이다. 그렇기 때문에 세상 사람들은 성경을 모르기 때문에 이 진리의 심오함을 모르고 배척한다. 이 진리는 인류의 주관자가 하나님이시며, 하나님으로부터 이 세상이 존재하게 되었다는 사실을 믿는 믿음에서 시작된다.

도움을 주기도 한다. 그러면서 정통 기독교의 기본 교리를 서서히 버리도록 유도하고, 성경에서 가르치는 중요한 교리들에 대한 내용을 변개해 성도들을 조금씩 미혹해서 결국 교회 스스로 무너지도록 하고 있다. 교회가 성경의 기본 가르침에서 떠나면 그 교회는 더 이상 하나님의 교회가 아니며, 성도도 마찬가지다. 그런 교회는 거짓교회이며, 마지막 시대 적그리스도의 앞잡이가 될 교회들이다.

프리메이슨이나 일루미나티 등의 세계정부주의자들이 유독 종교 통합에 관심을 보이는 것은, 종교는 사상이며, 사상은 모든 사람의 정신세계를 지배하는 무서운 도구라는 사실을 잘 알기 때문이다. 그렇기 때문에 이들은 자신들이 새로운 종교를 통해 새로운 새시대적 사상을 사람들에게 심어주고자 하는 것이다. 여기에 기독교만이 유일하게 반대하니, 결국 이들의 최후의 적은 기독교가 될 수밖에 없다. 때문에 이들은 교회를 무너뜨리기 위한 고심을 하지 않을 수 없는 것이다. 이들은 기독교가 약한 곳에서는 채찍으로 무너뜨리지만, 이미 기독교가 활발하게 움직이고 있는 곳에서는 당근을 사용해 교회를 무너뜨리고 있다. 이런 이들의 당근 속에는 교회성장, 성령의 은사, 복, 긍정, 신비 등의 용어들이 자주 사용된다. 그리고 실제로 교회에 그대로 적용되어, '다른 복음'이 교회로 들어와 교회를 무너뜨리기 시작했다. 이미 수많은 교회들이 이들의 당근을 통해 길들여져버렸다.

1. 성경을 바로 알지 못하게 하라

17, 18세기에 정치·사회·철학·과학 이론 등에서 광범위하게 일어

난 사회 진보적, 지적 사상운동으로서 현대 자본주의의 근간이 된 계몽주의 사상이 전 유럽을 휩쓸고 지나갔다. 그때 이 사상과 때를 같이하여 웨스트코트와 홀트에 의한 성경 변역(変訳), 자유주의신학, 근대 프리메이슨, 일루미나티 등의 세계정부주의자들이 등장하게 되었다.

성경 변역을 살펴보면, 영국에서 프리메이슨 조직의 하나인 성공회 주교였던 브룩 포스 웨스트코트(Brooke Foss Westcott, 1825~1903)와 펜톤 요한 안소니 홀트(Fenton John Anthony Hort, 1828~1892)라는 신학자들이 나타나, 300년 이상 사용해온 비잔틴 사본의 성경 역본을 배제시키고, 알렉산드리아 사본 계열인 바티칸 사본[47]과 시내 사본[48]을 이용해, 1881년 두 권의 헬라어 신약성경을 발간하게 된다.

1611년 비잔틴 사본을 근간으로 한 공인본인 영어 킹 제임스 성경(KJV)이 발간되면서, 성경을 사용하는 대부분의 사람들은 킹제임스 성경을 보게 되었다. 그러나 킹제임스 성경의 인쇄상 오류들이 발견되고, 이 오류들이 수정되면서 1629년 제 1차 개정이 이루어졌다. 이후 1638년, 창세기부터 요한계시록까지의 전 내용에 대한 개정이 다시 이루어졌으나, 영국 기독교 내에서는 킹 제임스 성경을 처음부터 다시 번역하자는 목소리가 높아지면서, 휴 브로톤(Hugh Broughton)을 중심으로 한 청교도들이 의회에 킹제임스 성

---

47) 1481년 로마 바티칸에서 발견한 사본으로, 약 4세기경 사본이다.

48) 1844년의 1차 발견에 이어 1853년에 2차 발견, 1859년에 3차 발견되었다. 성 캐더린 수도원에서 발견된 것으로, 역본으로서의 가치가 없다고 판단하여 땔감으로 버린 신약 사본이라고 알려져 있다.

경의 개정을 정식으로 요구하게 되었다. 그리고 1657년 국회에서 공식적인 개정위원회가 설치되었다.

이후 1724년 또 다른 개정 작업이 이루어지고, 1762년에는 캠브리지 트리니티 칼리지의 토마스 파리스 교수에 의해, 1769년에는 옥스포드 대학의 벤쟈민 블레이니 박사에 의해 킹제임스 성경의 많은 부분들이 개정되었다. 현재 읽히고 있는 영어 킹제임스 성경은 이들에 의해 수정된 개정판이다.

비잔틴 역본인 영어 킹제임스 성경은 1881년 웨스트코트와 홀트에 의해 새로운 성경이 만들어지기 전까지 약 100회 이상 수정 혹은 개정 작업이 이루어졌다.

1870년 KJV 개정 위원회가 구성되면서, 영국에서 67명, 미국에서 34명의 당시 최고의 성서학자들이 개정 작업에 참여했다. 이들 중 비잔틴 사본을 몰아내고 알렉산드리아 사본인 시내사본과 바티칸 사본을 사용해 번역하자는 홀트(Horts),와 웨스트코트(Westcott) 등이 포함되었다.

그러나 개정 과정에서 신약성경의 본문 선택과 관련하여 논란이 벌어졌다. 스크라이브너는 킹제임스의 기초가 되는 비잔틴 사본의 계속적 사용을 주장하는 반면, 웨스트코트와 홀트는 새로 발견된 사본[49]들도 사용에 포함시킬 것을 강력히 주장했다. 그러자 결국 전 위원이 참석한 전체 회의에서 웨스트코트와 홀트의 의견이 받아들여져, 알렉산드리아 사본의 역본들이 비잔틴 사본의 역본을 대치

---

49) 알렉산드리아 사본인 바티칸 사본과 시내 사본을 말한다. 특히 웨스트코트와 홀트가 번역한 헬라어 성경은 예수회 회원이며 일루미나티인 홀트가 주도적으로 번역했다. 대부분의 번역에 바티칸 사본을 참조한 것으로 알려져 있다.

하게 되었다. 그리고 오늘날 대부분의 번역본들이 웨스트코트와 홀트에 의해 번역된 헬라어 성경을 번역하여 사용하고 있다. 우리 한국의 개역성경 역시 알렉산드리아 사본의 영향을 많이 받아 번역된 성경이다.

필자가 갑자기 간단한 성경사본 역사를 이야기한 것은 웨스트코트와 홀트에 의해 번역된 알렉산드리아 계열 성경의 문제점, 그리고 이 성경을 번역한 웨스트코트와 홀트의 성경관이나 신앙관에 대한 문제를 밝히고, 여기에 숨어 있는 무서운 사탄의 음모를 알리고 싶기 때문이다.

비잔틴 사본은 초대교회 성도들 때부터 사용하다가 비잔틴 시대50)에 들어오면서 대부분의 성도들에 의해 사용된 성경들을 말한다. 비잔틴 사본은 위클립, 에라스무스, 틴데일, 루터, 베자, 킹 제임스 등의 성경들의 근간이 된 사본으로, 다수 필사본, 표준 원문, 혹은 전통 원문으로 불린다.

알렉산드리아 사본은 알렉산드리아 클레멘트의 제자인 오리겐에 의해 번역된 역본들로서, 시내 사본, 바티칸 사본, 제롬의 라틴 벌게이트, 웨스트코트와 홀트의 신약 헬라어 성경, 영어 개역본, 헬라어 네슬 원문, 개역표준역본, 미국표준역분, 새표준역본 등으로 내려온 성경이다. 이 사본들은 웨스트코트와 홀트의 신약성경이 나오기 전까지 대중들에게는 거의 읽히지 않았다. 그런데 웨스트코트와 홀트의 영향으로 인해 일반 대중들에게 공인본으로 읽히던 비잔틴

---

50) 콘스탄틴 황제가 다스리던 서기 324년, 혹은 테오도시우스 황제가 사망한 395년 이후부터 1453년까지 콘스탄티노플(현 이스탄불)을 수도로 하여 로마 황제가 다스리던 기간을 말한다.

사본들이 사라지고 갑자기 이들 성경으로 대치된 것은, 단순히 성경 사본학 사건으로만 보기엔 뭔가 석연치 않다.

사탄은 하나님의 백성들이 성경을 바로 알지 못하도록 미혹하는데 최선을 다한다. 하나님의 백성들이 성경을 바로 알지 못하면, 성경의 하나님과 예수님, 성경의 성령님을 잘못 알게 되고, 다양한 성경의 가르침을 제대로 파악하지 못하게 되며, 심지어 구원의 심각한 위협까지 받을 수 있다. 그리고 성경을 바로 알지 못함으로써 결국 마지막 시대 때 배도의 주체가 되거나 그들을 따라가는 자가 되고 만다.

비잔틴 사본을 알렉산드리아 사본으로 대치시키는 데 결정적 역할을 한 사람인 웨스트코트와 홀트는 올바른 그리스도인이 아니다. 특히 이들은 '유령 협회'를 조직하여 마약을 흡입하고, 유령을 연구하고 숭상하는 자들이었다. 이들은 블라바츠키[51]와 함께 뉴에이지 운동, 유령 숭배의 아버지들로 기억되고 있다. 이들은 뉴에이지 종교의 어머니 블라바츠키와도 친분이 깊었다. 이들은 기독교인도, 순수한 학자도 아니고, 사탄 숭배자에 불과한 자들이다.[52] 이들은 다음과 같이 말했다.

---

51) 러시아 태생으로 1831년 8월 12일 러시아 우크라이나 예카테리노슬라프에서 출생하여 1891년 5월 8일 영국 런던에서 사망했다. 신지학회의 창설자이며, 프리메이슨으로서 사탄 숭배자였다. 그는 다음과 같이 말해 자신이 프리메이슨임을 분명히 하고 있다. "나는 영국과 웨일즈의 고대 원시 의식의 최고 그랜드 마스터로부터 프리메이슨 자격 증명서를 받았다. (Collected Writhings 권 1. p.282)

52) http://egloos.zum.com/xinwuya/v/3120514

웨스트코트(Brooke Foss Westcott, 1825~1901)의 말

"나는 성경 전체를 뒤덮고 있는 성경의 무오류라는 단어를 부인하오."

"나는 오늘날 어느 누구도 창세기의 첫 세 장이 문자 그대로의 역사를 제공한다고 믿지 않을 것이라고 생각한다. 두 눈을 뜨고 그것을 읽는 사람 누가 그런 일을 할 수 있는지 난 이해할 수 없다. 게다가 그 세 장의 말씀들이 우리에게 복음을 드러내고 있다는 것을 지지할 사람은 아무도 없을 것이라고 생각한다."

"인자(the Son of man)를 반드시 '그리스도'와 동일시할 필요는 없었다. 성경은 예수가 자기 자신을 영화롭게 한 적이 없으며, 다만 '그리스도'를 영화롭게 했을 뿐이라고 말한다. 예수는 결코 직접적으로 자신을 가리켜 하나님이라고 하지 않는다."

"모세나 다윗은 시적 인물들에 불과하다."

"나는 기적 이야기 같은 것은 읽은 적이 없으나, 직관적으로 그런 것은 일어날 성싶지 않은 일임을 느낀다. 그리고 그 이야기 안에서 그 일이 일어날 것 같지 않은 증거가 될 만한 것들을 발견한다."

"예수 그리스도 사역의 속죄의 효능은 그분의 죽음에 기초한 것이라기보다는 '그분의 모든 삶'에 기초해 있다."

"내가 기억하는 한, 나는 역사적 믿음에 관해 쓰인 내 작은 책 안에서 '주의 오심'에 대해 내가 믿는 것을 간략히 말했다. 나는 예루살렘의 멸망이 주의 말씀의 첫 번째 성취된 재림이었다고 강하게 믿었으며, 다른 재림들이 수차 있어왔으므로, 나는 그분께서 지금 우리에게 오시고 계심을 의심치 않는다."

"천국은 장소(place)가 아니라 상태(state)이다."

"천국은 우리 안에 놓여 있다. 그리고 생각, 회상, 동경을 위하여 조용한 휴식을 취함으로써, 우리는 좀 더 거룩한 상태(즉 천국)를 계속해서 신선하게 지킬 수 있을 뿐만 아니라, 습관적으로 그것을 숨 쉴 수 있다."

"우리는 인내, 확고한 결심, 믿음, 그리고 노력을 통해 우리 주변의 천국, 즉 우리의 지상 생활의 영광을 희망하는 바이다."

"마귀는 인격적인 존재가 아니라, 단지 어떤 힘(a power)이다."

홀트(Fenton John Anthony Hort, 1828~1892)의 말

"만일 당신의 협조를 얻기 위해 신약성경의 절대적 무오류성이 필수불가결한 것이라고 확신한다면, 유감스럽게도 나는 당신과 함께할 수 없습니다."

"나는 하나님의 공의가 각 개인의 죄에 의한 고통 없이 어떻게 만족될 수 있다는 것인지 모르겠다."

"널리 알려져 있는 대속의 교리는 비도덕적이며 유물론적인 위조품이다."

"확실히 그리스도가 우리의 죄를 대신해 죽기까지 고통당하셨다는 것보다 더 성경적이지 못한 것은 없다. 정말로 그것은 거의 보편적인 이단의 한 측면인 것이다."

"나는 '사탄에게 지불된 속죄 값'이라는 그 원시적인 교리에 전적으로 동의하지는 않지만, 혐오를 가지고 있지도 않다. 그렇지만 속죄 값에 대한 교리가 변호될 수 있는 다른 형태는 있을 수 없다고 생각한다. 그 어떤 것도 아버지에게 지불된 속죄 값의 개념보다는 낫다."

"나는 '에덴동산' 같은 곳은 존재하지 않았으며, 아담의 타락도 영국의 시인이었던 콜러리지가 정확히 지적한 것처럼, 그의 후손들의 타락과 전혀 다를 바 없다고 생각하고 싶다."

"나는 모리스가 말로써 연옥을 부인했다는 것을 당신과 마찬가지로 유감스럽게 여긴다…. 회개의 힘은 현생에만 제한되어 있지 않다."

"나는 불에 의해 깨끗하게 되는 연옥에서의 정화라는 개념이, 성경이 내게 가르쳐주는 하나님에게서 주시는 벌과 분리해서 설명할 수 없는 것이라고 생각한다."

"만일 마귀가 있다면, 그는 단순히 부패되고 망가진 하나님의 형상만으로는 만족할 수 없다. 그는 전적으로 사악하며, 그의 이름과 그의 모든 에너지와 행동에 있어서 사악해야만 하는 것이다. 하나님의 말씀이 그런 것을 지지한다는 것은 말씀의 성스러운 특징들에 위배되는 것이 아닌가?"

"우리는 로마 카톨릭 교회가 가르치는 대로 '침례를 통한 중생'을 가장 중요한 교리로 지킨다. 로마 카톨릭 교회의 관점이 복음주의자들의 관점보다 더욱 더 나를 진리로 가깝게 인도하는 것 같다."

"침례는 우리가 하나님의 자녀들이라는 것과, 그리스도의 몸의 일원으로서 그와 함께 하늘나라의 상속인임을 보장해준다."

"하나님께서는 네가(홀트의 아들) 아직 유아였을 때 세례에 의해서 너를 그의 교회, 즉 사도 시대로부터 지금까지 끊이지 않고 이어온 위대한 성회의 무의식적인 한 일원으로 만들어주셨다."

이상과 같은 말을 한 웨스트코드와 홀트는 천지창조와 에덴에 관한 사실을 부정했다. 또한 예수 그리스도의 재림을 부정, 영적인 것으로 보았고, 예수님의 모든 이적을 부인했다. 그들은 또한 우상 숭배, 마리아 숭배, 연옥설 등을 지지하고 지옥을 부정했다. 이렇게 성경과 하나님에 대해 올바른 신앙을 갖고 있지 않은 자가 어떻게 하나님의 말씀인 성경을 바르게 번역할 수 있겠는가. 이들은 참된 그리스도인이 하나님의 말씀을 올바로 알지 못하도록 사용한 사탄의 도구에 불과하다.

알렉산드리아 계통의 영어 성경 번역에 참가했던 주요 학자들의 교리관을 알아보면 다음과 같다. 이들은 RV, ASV, NASV, RSV, NRSV, NIV에 참가했던 번역 위원들이다.[53]

중요 교리	번역 위원
성경의 무오성 혹은 영감성을 믿지 않음	B. F. Westcott(RV) F. J. A. Hort (RV) Vance Smith(RV) George A. Buttrick(NCC-RV) Edgor J. Goodspeed(RSV) Clarence T. Craig(RSV) Frederick C. Grant(RSV) James Moffatt(RSV) Julius A. Brewer(RSV)
예수의 처녀 탄생을 믿지 않음	Harry Emersion Fosdick(NCC-RSV)
예수의 대속적 죽음을 믿지 않음	F. J. A. Hort(RV) Vance Smith(RV) Henry Sloane Coflin(NCC-RSV) Harry Emersion Fosdick(NCC-RSV) Edgor J. Goodspeed(RSV)
예수의 육체적 부활을 믿지 않음	B. F. Westcott(RV) Edgor J. Goodspeed(RSV) Clarence T. Craig(RSV)
예수의 육체적 재림을 믿지 않음	B. F. Westcott(RV) Vance Smith(RV) Clarence T. Craig(RSV)
예수 그리스도의 신성을 믿지 않음	B. F. Westcott(RV) Vance Smith(RV) Edgor J. Goodspeed(RSV) Henry F. Cadbury(RSV)
성령의 인격성을 부인함	Vance Smith(RV)
성경에 기록된 기적을 믿지 않음	B. F. Westcott(RV) Edgor J. Goodspeed (RSV) Henry F. Cadbury(RSV) Walter Rusell Bowie(RSV) Fleming James(RSV)
문자적 의미의 천국을 믿지 않음	B. F. Westcott(RV)
문자적 의미의 지옥을 믿지 않음	F. J. A. Hort(RV)
마귀의 인격성을 부인하거나 존재	B. F. Westcott(RV) F. J. A. Hort(RV)

---

53) http://blog.naver.com/sisterbliss/70121996673

여부를 의심	Edgor J. Goodspeed(RSV)
세례, 중생을 믿음	F. J. A. Hort(RV)
오직 믿음이 아닌 다른 방법에 의한 구원 인정	James Moffatt(RSV)
진화론을 인정함	B. F. Westcott(RV) F. J. A. Hort(RV)

물론 알렉산드리아 사본 전체가 다 문제 있는 것은 아니다. 그러나 이들이 성경 번역에 사용한 알렉산드리아 사본 중 특히 바티칸 사본은 로마 카톨릭 성경의 근간을 이루는 성경으로, 초대 교부 시대 이단인 오리겐[54]을 이어 오리겐 숭배자 였던 제롬에 의해 만들어진 성경으로, 수많은 곳이 삭제와 첨가, 변개 등의 오류를 내포하고 있다.

사본 중에 문제가 전혀 없거나 오류가 없는 사본은 없다. 그러나 좀 더 정확하고 원전에 가까운 말씀을 보는 것이 우리 성도들의 마땅한 도리다. 다수의 성도들이 보던 비잔틴 사본도 완벽한 원전의 번역이라 할 순 없다. 하지만 이를 대치한 알렉산드리아 사본은 비잔틴 사본보다 더 많은 오류들을 내포하고 있다. 특히 웨스트코트와 홀트에 의해 사용된 시내 사본과 바티칸 사본은 더욱더 많은 문제점을 안고 있는 사본들이다. 그렇기 때문에 웨스트코트와 홀트에

---

54) 오리겐은 3세기 사람으로, 대다수의 신학자들에 의해 알렉산드리아의 탁월한 신학자로 알려져 있다. 그러나 실제로 그는 유대 이단교인 에비온파와 비슷한 주장을 했다고 알려져 있다. 오리겐은 예수 그리스도의 신성을 부인했으며, 성경의 도덕률을 중심으로 받아들이고 환생설을 믿었다. 또 만민 구원론과 영혼 선재설 등을 주장하기도 했다. 그는 성경을 대부분 풍유적으로 해석했다. 비록 삶에 있어서는 경건한 삶을 살았으나, 사상 면에서 헬라 철학과 영지주의적 사상을 많이 받았다.

의해 만들어진 헬라어 성경은 참된 성경으로서 아무런 가치가 없는 성경이며, 사탄의 도구에 불과하다는 결론을 내릴 수밖에 없다.

한때 프리메이슨과 적대관계에 있던 로마 카톨릭은 이제 서로 동지관계가 되어, 다가올 세계정부에 있어 WCC와 같이 종교 통합에 앞장서게 될 것이다. 기독교와 카톨릭의 연합, 그리고 다른 여러 종교와의 교리적 화합에 박차를 가할 것이며, 올바른 주의 백성들을 잘못된 성경으로 미혹하는 데 앞장서게 될 것이다.

비잔틴 사본의 번역에 대해 회의를 던지고 굳이 알렉산드리아 사본의 번역을 주장하여, 이들의 주장을 관철시켜 영어본인 개역개정(RV) 성경을 탄생시킨 웨스트코트와 홀트가, 비록 사본학에 있어 나름 공헌(?)을 했다 하더라도, 이들이 번역한 성경을 우리가 그대로 받아 사용하기엔 좀 더 건전한 성경적 비평이 있어야 할 것으로 보인다. 성경의 가르침을 그대로 인정하지 않고 성경의 다양한 내용들 또한 받아들이지 않는 이들의 번역본을 우리가 그대로 인정하고 사용하기엔 충분히 문제가 있을 수 있다.

우리 한글 개역성경은 비잔틴 사본인 표준 원문을 사용한 본문도 많이 있지만, 비잔틴 사본과 알렉산드리아 사본 간의 일치하지 않는 부분은 알렉산드리아 사본의 원문을 따라 번역되었다. 따라서 비잔틴 사본과 많은 부분에서 차이점을 보이고 있는 것이 사실이다.

하나님을 사랑하고 성경을 사랑하는 우리 성도들은, 성경을 바로 알지 못하도록 하기 위해 성경까지도 잘못되게 만드는 악한 사탄의 정체를 바로 알아, 좀 더 바르게 성경을 아는 일에 힘써야 한다. 쉽지는 않겠지만, 한 성경만 고집하지 말고 여러 성경을 비교 분석하며 올바른 하나님의 말씀을 분별하는 데 전력을 다해야 할 것이다. 그래야 배도의 거대한 잘못된 물결에서 승리할 수 있다. 마지막 시대의 세계정부주의자들이 노리는 무서운 속임수 중 하나가 올바르지 못한 성경을 통해 교회와 성도를 미혹해 무너뜨리는 데 있음을 기억하라.

2. 전통 예배를 무너뜨려라

예배는 죄인을 구원해주신 하나님의 은혜에 감사해서, 자발적으로 하나님의 백성된 자들이 경건하면서도 엄숙히, 그리고 영과 진리로 드리는 경배를 말한다. 이 경배의 자리는 하나님이 낮아지고, 우리 죄인이 높아지는 자리다. 감히 죄인인 우리가 하나님의 이름을 높이며 경배할 때, 하나님은 낮아지셔서 우리의 예배에 임재하신다.

예배는 인간이 높임 받는 자리가 아니며, 인간들의 오감을 만족케 하는 자리가 아니다. 죄인 됨을 깨닫고, 절대적인 하나님의 은혜가 아니었다면 감히 하나님의 이름조차 부를 수 없는 자들이 하나님을 높이고 하나님께 영광을 돌리는 시간이다. 이방인들의 광란적 놀이의 현장이 아니다. 손뼉치고, 춤추고, 열광하는 자리가 아니다. 예배의 모든 초점은 하나님 중심으로 모아져야 한다. 하나님 중심의 예배를 통해 죄인 된 우리는 주의 종을 통해 엄숙히 선포되는 하나님의 말씀을 겸허한 마음으로 받는 시간이다.

이런 전통적 예배는 때론 지루하거나 재미없고 딱딱할 수 있다. 틀에 박힌 듯한 형식적 냄새가 짙게 나올 수도 있다. 그러나 여기에 생명이 있었고, 여기에 하나님의 역사하심이 있었다. 우리 진실된 믿음의 선조들은 모두 이런 예배를 드렸고, 이런 예배를 통해 하나님을 경배했다.

그러나 드디어 반란이 일어났다. 이런 전통적 예배가 너무 진부하다 보니, 사람들이 교회 오기를 싫어하고 예배를 기피한다는 그럴듯한 명분을 들이대며 뭔가 예배에 변화를 주어야 한다는, 자칭 선구자적 생각을 갖고 전통 예배를 무시하게 되었다. 그래서 사람들이 즐겁게 예배드릴 수 있는 새로운 형태의 예배가 나타나기 시작했다.

새로운 찬양과 더불어 새로운 예배의 형식은, 마른 가뭄에 단비와 같은 착시 현상을 초래하면서 세계의 교회로 뻗어가기 시작했다. 우리나라 또한 이런 새로운 예배의 매력에 매료되면서, 너도나도 이런 예배를 선호하게 되었다.

그러나 전통 예배를 하루아침에 버릴 수 없어서, 우리 선조들이 드려온 전통적 예배에다 새로운 예배를 혼합한 세미 전통 예배라고나 할까, 그런 예배들이 점차 교회에 스며들기 시작했다. 어떤 교회는 아예 전통 예배의 틀을 완전히 버리고 새로운 예배로 전향을 시도했다.

성경은 예배의 형식에 대해 어떠한 지침도 내리지 않고 있다. 단지 구약의 엄숙한 제사와 제도만이 있을 뿐이고, 신약에서는 주님이 장소에 구애받지 말고 오직 영과 진리로 예배하라는 말씀만 가르치고 있다. 그렇기 때문에 예배의 형식이나 문제는 어떤 형태로 하든지, 우리가 관여할 만한 것이 못 되는 것일 수도 있다. 그렇지만 한 가지 분명한 것은, 예배의 중심은 사람이 아니라 하나님이라는 사실이다. 하나님이 높아지고 하나님이 영광 받고 하나님의 이름이 거룩히 여김을 받아야 한다는 사실은 일체 재고의 여지가 없다.

오늘날 우리 시대를 강타하는 새로운 예배는, 하나님 중심의 예배가 아니라, 청중 중심의 예배다. 예배를 축제 현장이라 하여 축제 분위기로 띄운다. 어떻게 하면 사람들이 감동받고, 어떻게 하면 사람들이 많이 나올 수 있고, 어떻게 하면 사람들이 즐거워할 수 있는가로 그 축이 이동했다. 그래서 등장한 것이 마케팅 예배다. 청중은 구매자로, 교회는 판매자로, 그리스도(복음)는 상품으로 전락했다.

그래서 그리스도란 상품을 팔기 위해, 판매자인 교회는 구매자인 사람들의 기호를 만족케 하기 위한 다양한 기교를 개발하여 그리스도를 팔기 시작했다. 강단의 모습을 바꾸고, 조명을 바꾸며, 찬송을 바꾸고, 복장을 바꾸었다. 다양한 현대적 악기가 등장하고, 엄숙하고 조용한 예배의 장소는 큰 공연장처럼 뭔가 시끄럽고 정신없도록 만들었다. 영과 진리 대신 사람의 감정이 움직이고, 그 움직임 속에 자아의 즐거움을 느끼도록 만들었다. 축제였다. 예배는 축제였다. 대성공이다. 그저 냉냉하고 답답하던 예배가 살아 움직이는 것 같았다.

젊은 사람들이 모여들기 시작했다. 교회는 생기를 찾는 것 같았다. 그렇다. 이게 바로 예배다. 예배란 이렇게 드려야 하는구나. 괜히 전통만 고집했어. 교회는 변화되기 시작했다. 예배가 변화되기 시작했다. 사람들이 몰려오기 시작했다. 거룩한 예배가 바로 인간적인 쇼로 바뀌는 순간이고, 하나님 앞에 드려져야 될 예배가 사람 중심의 예배로 바뀐 것이다.

현대의 목회자들은 이런 예배를 선호한다. 이렇게 예배드려야 사람들이 좋아하니 흉내 내보고, 또 교회에 고착시킨다.

과연 이렇게 하는 것이 올바른 예배가 될 것인가.

예배를 이렇게 만든 자들이 누구일까? 왜 예배를 이렇게 만들어 사람들을 떼거리로 모아, 그것을 교회성장이라며 사람들의 올바른 성경적 이성을 마비시켜 버렸을까? 왜 예배를 축제라 하여 인간들이 모이는 페스티벌 비슷하게 만들어버렸는가. 눈에 보이는 현상을 보고, 많은 사람들은 이런 예배가 살아 있는 산 제사라 착각한다.

미국의 빌 하이벨스 목사가 이런 예배를 적극 권장하면서, 이를 구도자 예배라고 했다. 우리나라에서는 열린예배라는 그럴듯한 용어를 사용하여, 뭔가 있는 것처럼 포장해놓았다.

조지라는 열린예배자는, 열린예배를 보는 교회가 되기 위해서는 열린예배에 방해되는 모든 장애물들을 다 제거해야 한다면서, 교회의 외형적 구조 변경을 강조했다. 강대상을 큰 강대상 대신 작은 이동식 탁자로 대치하고, 의자는 등받이 없는 것을 놓고 걸터앉는다. 강단을 무대로 전환하여 노래나 춤 또는 연극을 할 수 있도록 요란스러운 조명 세트를 장치한다. 조화 또는 생화로 강대상 좌우를 가득 채운다. 대형 자막이나 전광판을 설치한다. 고도의 방송용 음향 장비를 설치한다.

에드 답손은, 열린예배는 형식에 매이지 말 것, 현대적일 것, 강요하지 말 것, 편안하게 해줄 것 등을 주장했다. 그에 의하면, 형식에 매이지 않기 위해 목사나 안내 위원, 성가대원 모두 청바지나 가벼운 옷을 입는다. 또 현대적이기 위해 전자 기타, 드럼, 심벌즈, 키보드 등을 사용하여 기독교적 록 음악을 연주한다. 또한 강요하지 않기 위해 공개적으로 초청하거나 앞으로 나오도록 하는 부담을 주지 않는다. 편안하게 해주기 위해 강대상 주변을 재단장하여 교회 강단처럼 보이지 않게 한다.

열린예배의 선두주자 릭 워렌은 1998년 한 세미나에서 전통적 교회를 극적으로 성장하는 교회로 변형시키려면, 다음과 같은 일들이 일어나야 한다고 가르쳤다. (1) 현대적 스타일의 비(非)위협적 '구도자(求道者) 집회'가 전통적 일요일 예배를 대체해야 한다. (2) 복장은 평상복이어야 한다. (3) 음악은 현대적이어야 한다. (4) 설교는 종종 심리학과 격려의 성경 본문을 섞은 설교 후에, 구원받은 자들과 구원받지 못한 자들이 똑같이 자신들에 대해 좀 더 기분 좋게 생각할 수 있도록 오직 긍정적인 내용이어야 한다. (5) 교회의 사역들은 대중의 필요들을 충족시키도록 우울증, 무절제한 식사, 불임(不姙), 동성애자들의 가족이나 친구, 낙태 후의 일, 별거(別居) 등을 위한 후원 그룹들을 가지고 준비되어야 한다. (6) 교리적 교훈은 일요일들에 교회 전체에게 주지 말고, 예배 시간과 별도로 소그룹에서 받을 수 있도록 한다. (7) 실용주의적(実用主義的) 타협의 정신이 우세해야 한다.

잘 알아두라. 이런 예배를 교회로 갖고 들어온 자들이 누구인지. 이들 모두는 한결같이 세계정부주의자로, 프리메이슨 혹은 일루미나티 회원들이다. 이들에겐 하나님보다 사람이 중요하며, 하나님의 영광이라는 거룩한 용어는 그들에겐 어울리지 않는 단어다. 단지 사람들을 모으고, 그 사람들을 즐겁게 해주기 위해 혈안이 되어 있을 뿐이다. 그러면서 이들은 성경 중심의 전통 예배를 중시했던 교회들을 비난하며 조금씩 사람들의 의식을 바꾸어, 거짓예배를 참예배로 인식하도록 만들어간다. 그리고 결국 이들은 이런 사람들과 연합해 세계정부에 협조하는 자들로 만들어버린다. 다양한 종교의 통합을 정당한 것으로 받아들이게 하고, 기독교 외에 다양한 구원의 길이 있음을 제시하면서 서서히 성경과 멀어지도록 한다.

사탄의 교회 파괴 공작을 가볍게 생각해선 안 된다. 사탄은 이미 자신의 정예 요원들을 교회 지도자로 만들어, 모든 교회들을 사탄 정부의 꼭두각시로 만들 전략을 갖고, 자신의 세계를 만들어갈 세계정부주의자들, 특히 프리메이슨이나 일루미나티 등의 세계정부주의자들을 적극 활용해 대단한 성과를 거두고 있다. 하나님 앞에 드려지는 거룩한 예배를 축제라 하여, 이방신들 앞에서 행하던 난장판으로 만들어가고 있다. 바알과 아세라 선지자들과 대적한 엘리야의 경배와 그들의 경배의 모습을 보라.[55]

오늘 우리 한국 교회에서도 바알과 아세라 앞에 경배하는 예배의 모습을 갖고 하나님 앞에 예배한다고 하는 거짓된 무리들이 하나님의 강단을 점령해 거짓 가르침을 주고 있다. 하나님의 강단이 점령 당하고, 하나님의 교회가 하나하나 무너지고 있다. 현재 우리나라의 많은 대형교회뿐만 아니라 수많은 교회들이 청중 중심의 예배로 나아가고 있으며, 예배를 축제라 하여 세계정부주의자들의 예배 형태를 본받아 교회에서 행하고 있다.

하나님의 참된 성도인 우리는 경각된 마음으로 이런 예배를 주의해 물리쳐야 한다.

하나님은 영이시니 예배하는 자가 영과 진리로 예배할지니라 (요 4:24)

---

55) 이 내용은 열왕기상 18장에 나온다.

3. 찬송가를 CCM과 같은 세속 음악으로 대체시켜라

하나님께 경배하는 데 있어 찬송은 필수적 요소이다. 찬송이 없는 예배가 없고, 예배가 있으면 반드시 찬송이 있다. 하나님은 자신을 찬송하도록 하기 위해 자신의 백성들을 만들었다[56]고 말씀하실 정도로 찬송에 대해 깊은 관심을 가지고 계신다.

오늘날 예배가 파괴된 대부분의 교회에서는 찬송도 파괴되었다. 하나님을 높이고 하나님의 이름을 거룩케 하는 찬송이 사라지고, 세속적 음악의 리듬 앞에 굴복한 새로운 찬송이 그 자리를 대신하고 있다. 경건한 찬양의 거룩한 가사와 운율은 사라지기 시작했고, 그 자리에 새로운 형태의 세속적 록 음악이 들어와 자리 잡았다.

프리메이슨 하부조직 내에 타비스톡 연구소와 스탠포트 연구소가 있다. 이 조직은 세계 최상위 석학들로 구성되어 있는데, 인간의 심리를 연구하고 자신들의 목적에 부합한 다양한 연구들을 진행, 시도해온 곳이다. 이들의 전략 가운데 하나가 음악에 관한 것이다. 사람들을 파괴하기 위한 수단으로서 마약을 자연스럽게 섭취하도록 하는 방법에 대중음악을 활용해 적용키로 했다.

연구 결과 음악적 파동은 정신에 직접적인 변화를 가져다준다. 그래서 음악의 거칠고 무미건조한 파동의 양을 조금씩 늘려가면서 독성을 증가시키면, 그에 따라 마약 복용도 증가하게 될 것으로 보고, 시험한 결과 적중했다. 그리고 이들이 점령한 대중매체를 통해 이런 음악을 널리 퍼트려, 인간들로 하여금 어떤 이유로 자신들이

---

56) 이 백성은 내가 나를 위하여 지었나니 나의 찬송을 부르게 하려 함이니라 (사 43:21)

부정적인 사고방식과 폭력 성향을 갖게 되는지를 모르도록 하자는 무서운 계획을 만들어 시행했다. 이 무서운 계획은 1950년 미국에서부터 시작되었다.

1950년대, 컨트리 음악과 블루스를 적당히 가미한 록큰롤(rock'n'roll)이 대중의 인기를 얻으면서, 엘비스 프레슬리가 스크린의 영웅으로 군림하기 시작했다.

1960년대, 영국 그룹 비틀즈(Beatles)가 미국에 상륙하고, 불과 수년 만에 젊은이들의 문화를 전 세계에 정착시켰다.

비틀즈가 대성공을 거둔 이후, 영국 록밴드들이 줄이어 미국으로 건너왔다. 록(Rock) 음악의 임무는 '파괴적인 음조를 비트(beat)에 실어 보급하는 것'이다. 그리고 젊은이들만의 문화를 만들어서, 세대 간의 분리감을 조장하는 것이다. 자신이 왜 가족과 세상에 반항심을 갖게 되었는지 영문도 모르고, 수많은 아이들이 그저 흥겨운 음악과 마약에 취해서 젊은 세대를 보냈다. 그대로 1970년대까지 이어졌다.

1980년대부터는 대규모 음반 산업을 추진시키고, 음악적 자질과는 상관없이 적당한 엔터테이너를 선발하여 앞에 내세운다. 파격성 또는 선정성으로 자칫 비난의 대상이 될 수 있었던 스타들에게 전폭적인 지원을 해주고 대중의 인기를 몰아주었다. 호모, 레즈비언, 마약 복용자일수록 더욱 스크린의 영웅으로 추앙받게 했다. 이들의 집요한 계획이 1990년도 이후부터 마침내 실효를 거두기 시작했다.

사람들은 어둡고 침울한 음악에 공감하고, 헤비메탈 같은 금속성 음조에 친숙해졌다. 획일적이고 엇비슷한 음악이 난무하는 가운데, 상을 주거나 물량 공세로 스크린에 내보내면, 사람들은 그 음악이 좋다고 생각하게 되었다. 음조가 파괴적이고 거칠어질수록 사람들

4. 뉴에이지로 무장한 세계정부의 등장과 배후세력　　**125**

의 마약 복용도 늘어가고, 더욱더 폭력적이 되었다.[57]

세계정부주의자들은 '음악(파동)'이 인간 정신에 미치는 엄청난 영향력을 잘 알고 있다. 그래서 이들은 규칙적이면서 안정적인 전통 음악을 버리도록 하고, 대신 하드록이나 헤비메탈 같은 불규칙적이면서 강렬한 리듬의 음악을 사람들에게 주입하여, 사람들의 정신세계를 음악으로 변화시키고 있다. 이들은 교회에서 사용하는 전통적인 찬송가의 음률을 모두 버리고, 대신 록이나 헤비메탈 등의 음악으로 대치해 새로운 찬송으로 교회에 도입하도록 했다. 그렇게 해서 나온 음악이 CCM의 음악이다. 모든 CCM이 다 록 계통은 아니지만, 대부분이 록이나 헤비메탈 등의 음악에 영향을 받고 있다.

교회를 다니는 대부분의 성도들이나 목회자, 심지어 찬양을 인도하는 인도자까지도 음악의 위험성이나 무서움에 대해 잘 모른다. 단지 가사만 기독교적이면 모두 찬양으로 받아들여 교회에서 사용한다. 음악의 무서움은 가사에 있는 것이 아니라, 리듬에 있다. 리듬의 형태에 따라 사람을 울게도 하고 웃게도 한다. 심지어 미치게도 한다. 물론 가사가 전혀 영향을 미치지 않는다는 것은 아니다. 그러나 가사보다는 리듬의 성격에 따라, 이 리듬의 파동이 뇌에 미쳐 영향을 주는 것이다.

일루미나티의 멤버이자 마법사였다가 탈퇴한 존 토드[58]는 록 음

---

57) http://cafe.daum.net/xm6m2b0e/

58) 일루미나티 고위 간부이자 마법사였던 존 토드는 기독교로 개종해 일루미나티의 정체를 폭로하는 간증을 한 사람으로 누명을 쓰고 감옥에 들어갔는데, 이후 그가 어떻게 되었는지는 아무도 모른다. 존 토드의 일루미나티의 실상을 밝히는 내용은 인터넷 사이트에 올려져 있다. 살펴보면 도움이 될 것이다.

악에 대해 다음과 같이 말한다.

당신은 록 뮤직 없이는 마법을 실행할 수 없습니다. 대부분의 록 그룹들은 마법교회 멤버들입니다. 그렇다고 해서 마법이 그들의 종교라거나 마법에 가입했다는 뜻은 아닙니다. 그들은 노래를 쓸 때 마녀모임, 또는 마법사원에다 그 노래에 주문을 걸어줄 것을 요구하는데, 노래가 히트를 쳐서 대박나길 바라서입니다. 마녀가 주문을 걸 때 히트 쳐서 대박나기를 많은 악령들에게 주문합니다. 그들은 악령신이 한다는 걸 모르지만, 그게 바로 일어나는 일입니다. 많은 음악들이 마녀들에 의해 마녀 언어로 쓰입니다. 엘튼 존은 자기 노래 중 단 한 노래도 마녀 언어로 쓰이지 않은 것이 결코 없다고 진술했습니다. 가정에서 십대 아이들의 반항이 늘어나는 걸 인식하십니까? 이유는, 여러분의 잘못입니다. 여러분들이 그것을 듣도록 허락했기 때문입니다. 그런 노래들이 반항을 충동질하는 겁니다.

이어서 그는 다음과 같이 말한다.

노래 속의 가사들이 문제가 아니라, 바로 음악(리듬)이 문제입니다. 마녀들은 이것을 압니다. 그리고 그들은 특정한 코드들을 의도적으로 칩니다. 그런 음악은 최면술입니다. 젊은이들의 호전적 본능을 충동질하는 겁니다. 이것이 끝날 때 그들이 저에게 야유를 퍼부을 거지만, 여전히 사실입니다. 아이들이 여러분에 화를 내거나 집을 뛰쳐나가거나, 또는 다른 어떤 일을 벌일지 두려워 그들이 하던 대로 하기를 원하고, 그들을 아기처럼 대하기를 원한다면, 계속 음악(록)을 틀도록 놔두십시오. 왜냐면 그들이 그걸 원하기 때문이죠. 그들은 초자연적인 세계에서 살아왔기 때문에 음악과 초자연적인 것이 연결되어 있다는 걸 아는 겁니다.

이때까지 존재하는 루시퍼에 대한 가장 완벽한 묘사가 에스겔서 28장의 두로 왕에 대한 것에서 발견됩니다. 거기에 루시퍼가 그의 몸에 음악 악기들로 수놓아져 창조되었다고 묘사되어 있습니다. 사실입니다. 그를 본 사람으로서 사실을 말하는 겁니다. 그는 자신을 하나님이라고 생각하며, 그러므로 하나님이 음악을 가지신 것처럼 자신도 음악을 가져야만 한다는 겁니다. 여러분들은 그런 음악이 집안에 흐르도록 할 수 있을 겁니다. 여러분의 선택입니다. 하지만 그렇게 하지 않으면 여러분은 좀 더 강한 크리스천이 될 수 있습니다. 그것들을 없애 버리십시오.

세계정부주의자인 일루미나티는 음악의 능력에 대해 잘 알고 있다. 이를 이용해 자신들이 추구하는 목적을 달성키 위해 교회 음악을 파괴하고, 건전한 가요들을 무너뜨리며, 사탄 음악인 록 음악을 접목시켜 교묘하게 사람들에게 파고들었다. 일반적으로 사람들은 당장 자신에게 그 어떤 일이 일어나기 전엔 별로 상관치 않는다.

음악이란 우리의 내면세계를 건드리는 역할을 하기 때문에, 당장 외적으로 드러나는 일은 별로 없는 것처럼 보인다. 하지만 점차적으로 중독되면서, 음악을 통한 정신세계의 충격들이 외적으로 드러나게 된다. 토드의 말처럼 오늘날 사람들은 이유 없는 폭력이나 분노 표출을 잘한다. 이는 이유가 없는 것이 아니라, 이런 무서운 사탄 음악에 자기도 모르는 사이에 중독되면서 나타나는 현상 중에 하나임을 결코 간과해선 안 된다.

그리고 일루미나티는 록 음악을 후원하여 기성교회에도 록 음악을 침투시켰다. 1960년대에 일루미나티는 척 스미스 목사의 교회를 지원하여 록 음악의 CCM들을 교회에 도입케 했다. 그 결과 척 스미스 목사의 갈보리 교회는 갑자기 성장을 이루었다. 이것이 기포제가 되어 수많은 교회들이 본받아 JESUS MUSIC 혹은 JESUS ROCK이라 하여 이것을 교회에 도입해 사용하면서, 서서히 교회의 찬송가들을 멀리하기 시작했다. 그리고 이 음악이 우리나라에서 CCM이라 하여, 온누리 교회를 중심으로 전국적으로 보급되었고, 그러면서 급기야 교회의 찬송가를 밀어내고 그 자리를 대신 차지하는 결과를 가져왔다. 이는 웨스트코트와 홀트의 헬라어 성경이 나오면서 그동안 사용되던 다수본의 성경을 밀어내고, 이들의 거짓 성경으로 대치한 것과 같은 현상이다.

사탄은 정통 기독교의 모든 형태를 파괴하고, 그 자리를 사탄의 문화로 대치시켜, 다가올 자기 세계의 새 시대 종교의 일원이 되도록 하기 위한 치밀한 계획을 진행하고 있다. 예배와 찬송이 파괴되면 교회는 교회로서의 기능을 상실하게 되고, 비록 성경을 이야기한다고 하나 이미 교회를 파괴하는 세계정부 계획의 일부에 동참되어, 점차적으로 더 깊이 물들게 된다. 그리고 올바른 성경을 가르칠 수 없게 된다.

많은 그리스도인들이 불순종적이 되고 반항적이 되며 하나님의 말씀에 대한 거부 반응을 보이는데, 거기엔 잘못된 CCM 음악의 영향이 크다. 굉음과 같은 큰 악기 소리로 성도들의 감정을 고조시키고, 반복되는 비트 속에 영적 최면으로 몰입시키면서, 불규칙적인 리듬으로 성도들의 마음을 악하게 조정한다.

다시 논의하자면, 록 음악의 특징은 곡에, 드럼이나 심벌즈나 기타를 사용한 자극적이고 반복적인 비트에 있다. 찰스 브라운은 말하기를, "아마도 록 음악을 규정짓는 가장 중요한 것은 비트일 것이다. 록 음악은 비트 때문에 다른 음악들과 구별된다"라고 했다. 반복적인 비트는 사람의 감정을 강하게 몰아대고 자극한다.

록 음악의 또 다른 한 가지 특징은 당김음(싱코페이션 : 약약강격)을 많이 사용하고, 불협화음(도미솔, 도파라, 시레솔 같은 화음이 아닌 것)이나 단조(短調)를 자유로이 사용하는 것이다. 그것은 노래의 질서와 사람 감정의 안정성을 빼앗는다. 또 다른 특징은 높은 음과 시끄러운 소리로 연주하는 것이다. 대형 제트 비행기는 이륙 시 대략 120데시벨(db)의 소음을 내며, 천둥소리의 최고 기록은 약 125데시벨이다. 그런데 록 콘서트에서의 고음은 대략 130~40데시벨이라고 한다. 그렇게 함으로써 사람의 감정을 사로잡고, 어지럽히고 흥분시키고 격화시킨다. 이런 특징을 가진 록 음악은 가사에 폭력, 반항, 자살 권면, 마약, 음란, 그리고 사탄 숭배 등의 내용을 많이 담고 있다.

이런 록 음악적 특성을 모두 가지면서 가사만 기독교적으로 바꾼다 하여, 그 음악이 하나님의 음악이라고 할 수 없다. 오늘날 교회가 잘못되는 것은 교회가 세상 문화를 제대로 따라가지 못해 일어나는 현상이 아니라, 전통적인 하나님의 예배와 찬양이 사라지기 때문이다. 인간의 감성을 중시한 세속적 예배나 찬양이 우리의 교회를 무너뜨리고 있는 것이다.

일루미나티나 프리메이슨들은 종교에 대해 많은 관심을 갖고, 자신들에 협조하지 않는 기독교를 깊이 연구하여, 기독교의 반감을 일으키지 않으면서 자신들의 일에 협조하도록 만드는 무서운 전략을 갖고 교회에 접근해 왔다. 교회의 모든 제도를 인정하는 가운데 성도들이 잘 알지 못하도록 조금씩 변화를 시도해, 후일 완벽히 자신들이 만들어놓은 함정에 들어오도록 했다. 예배를 그렇게 만들었으며, 찬양 또한 그렇게 만들어버렸다. 우리의 교회는 이런 공격에 아무런 저항 없이 교회 문을 개방하고, 이들이 마음대로 활개 치도록 방치해두었다. 아니, 오히려 환영하며 맞아들였다. 심지어 돈을 싸들고 가서 배워오는 일도 빈번했다. 사탄의 무서운 음모를 파악하지 못하고, 아니, 알지도 못하고 그저 사람들의 마음만 맞추어 교회를 성장시키면 된다는 안일한 생각이나 태도들이 우리의 교회를 그렇게 만들어버렸다.

이제 많은 성도들은 전통적 바른 예배에 진부함을 느끼고 거부반응을 보이며, 거기엔 생명력이 없는 것 같다는 착각을 하게 되었다. 뭔가 감정의 동요가 일어나고 떠들썩한 분위기 속의 예배가 참된 예배처럼 느껴지게 되었다. 찬송 또한 격정과 열정의 흥분 속으로 들어가지 않으면 영 재미없는 노래가 되고, 경건한 경배의 찬송은 점차 성도들과 멀어져버렸다.

이제 교회에 가면 어떤 흥분을 기대하고, 좀 더 인간적이고 달콤한 육적 감각을 만족케 하는 말과 노래들을 기대한다. 두드려지는 드럼과 전자기타의 고성 속에서 하나님 없는 격정 속으로 자신을 몰아넣는다. 자신이 살아 있는 것 같다. 모두가 살아 숨 쉬는 것 같다. 하나님이 역사하는 것 같다. 성령의 임재가 느껴지는 것 같다. 그러나 믿음의 눈을 갖고 세밀히 살펴보라. 그 이면에 숨어 있는 정체가 어떠한지. 무엇이 그렇게 우리를 흥분시키는지. 정말 내 속에 계신 성령께서 역사하시는 것인지. 세계정부의 일꾼들은 이렇게 우리의 교회를 파괴해가고 있다.

4. 교회 내에 신비주의를 조성하라

신비란 인간의 경험을 넘어선 초월적인 경우이다. 이는 자연법칙으로 인과율이 적용될 수 없는, 자연을 초월한 그 어떤 능력의 실체의 나타남을 말한다. 그리고 신비주의란 신비에 연관된 '비밀 의식에 결합된' 혹은 '비밀에 찬'이라는 형용사적 의미를 내포하는 것으로서, 신비를 추종하고 따라가는 형태를 말한다. 만약 어떤 사람이 신비를 추구하고 따라가는 자라면, 우리는 그를 신비주의자라 부른다.

일반적으로 모든 종교에는 신비가 있으며, 이 신비를 따르는 신비주의로 만들어져 있다. 일반 종교에서의 신비주의는 신비와는 달리 주관과 객관의 하나, 즉 신과 인간의 하나됨이 그 중심이 된다. 신비적 체험을 통해 신과 인간이 하나가 됨으로 구원에 이르는 것을 목적으로 하는 것이 모든 종교의 공통된 신비주의적 현상이다. 즉 명상이나 정신적 실천을 통해 직관적으로 황홀한 상태에서 신성과 합일하는 것을 의미한다.[59]

신비주의는 고대의 영지주의나 오늘날의 뉴에이지 사상과 일치한다. 이는 사탄이 하나님과 같아지고자 하는 사탄의 원초적 본능에서 나온 무서운 사상이다. 고대 헬라 철학 또한 인간 구원의 궁극적 목표를 신과의 합일로 보고 있다.

기독교는 신비는 있어도 신비주의는 될 수 없으며, 신비주의가 되어서도 안 된다. 오늘날 우리 한국 교회는 신비가 아닌 신비주의가 활개를 치고 있으며, 다양한 신비주의적 행위들이 극성을 부리고

---

59) 강영계, 『기독교 신비주의 철학』(서울 : 철학과 현실사, 1993), p.17.

있다. 성령의 기름부음, 성령의 은사, 성령의 임재 등의 용어를 사용하며 성령과의 합일을 도모한다. 성령의 은사, 성령의 임재라는 미명 하에 이방종교에서나 볼 수 있는 기이한 현상이 교회 내에서 일어나고 있는 게 우리의 현실이다.

이런 신비주의적 현상은 현대에만 나타나는 것이 아니라, 교회 설립 이후 계속적으로 일어난 일들이다. 기독교에서 신비주의를 나름대로 학문적으로 표현하고 나타낸 인물이 있는데, 그는 오리겐이다. 그는 신비주의 철학, 특히 헬라 철학에 심취했던 플로티누스의 영향을 깊게 받았다.

오리겐은 하나님과 예수 그리스도를 달리 보았다. 즉 그리스도를 하나님과 동일 본질로 보지 않고 유사 본질로 파악했다. 오리겐은 무한자와 유한자, 곧 신과 인간의 분명한 차이를 거부하고, 신인합일의 일원적 일치를 위해 노력한 인물이다.[60] 이는 다분히 헬라 철학과 영지주의 사상의 영향을 받았음을 나타낸다.

오리겐에게 구원이란 "하나님과 같이 되는 것, 즉 하나님을 사색함으로써 신화(神化)되는 데 있다"고 했다.[61]

실제로 대부분의 종교나 이단에게 공통적으로 나타나는 사상이 신인합일 사상이다. 우리나라 국정논단의 주범인 최순실 씨의 부친이자 영세교 교주 고 최태민 씨도 "사람의 실체는 원래 신이었기 때문에 현재의 사람이 원래의 실체로 돌아가면, 즉 신이 되면 죽지 않는 불사의 영생체가 된다"고 가르쳤다.[62]

---

60) 강영계, 앞의 책, p.32.

61) 토니레인, 『기독교 사상사』(서울 : 나침반사,1987), P.47.

62) 2016년 10월 26일 베리타스 뉴스

기독교에 깊숙이 침투한 관상기도는 이방종교에서 추구하는 신인합일치의 대표적인 모습이다. 많은 목회자들이 관상기도를 기도 중의 기도라고 호평하며 권장하는 것을 볼 수 있다. 그러나 관상기도에서 모든 것을 비우고 아무 생각도 하지 말고 그냥 조용히 신과의 일치를 도모하라는 것은, 뉴에이지에서 만트라[63]라는 주문을 외운 채 모든 것을 비워 신과의 일치를 이루라는 것과 동일한 것이다.

특히 불교의 명상법은 자신을 비우는 것에 집중하여 분별, 망상, 사유 작용이 그치면, 이 작용을 방해하던 모든 것들이 없어져 마음의 고요로 가득 차고 무의 경지에 이르게 된다는 것이다. 불교의 수직 명상법인 아나파나사티 명상법은 숨을 들이쉬거나 내뿜으면서 명상하는 것이다. 이것이 기독교에 교묘하게 들어와 예수의 기도, 호흡 기도로 변형되었다. 즉 숨을 들이쉬면서 '예수여', 내쉬면서 '불쌍히 여기소서'라는 기도를 반복하도록 가르쳐, 성도들로 하여금 잘못된 기도를 하도록 만들었다. 그로써 성령과의 일치를 이루도록 하거나 무아의 경지로 가도록 인도하는 목회자도 있는데, 이는 모든 이방종교의 공통적인 명상이나 기도법이다. 이는 고대 영지주의나 현대의 뉴에이지 사상과 정확히 일치한다.

이런 신비주의적 요소들이 오늘날 교회에 들어와서 정통적인 기도를 파괴하고, 성경에서 안내하는 바른 기도의 요소를 제거하고 있다. 이렇게 이방종교와의 일치를 도모하게 하는 거센 물결은 성도들이 성경의 바른 가르침에서 이탈하도록 만들고 있다. 비단 관상기도뿐만 아니라 성경에서 계시하는 다양한 은사를 도용하여 이

---

63) 불교의 '나무아미타불'이나 남묘호랭개교의 '남묘호랭개교'를 반복적으로 외우면서 명상하는 것과 같은 것으로서, 이는 예수님이 금지하신 중언부언의 기도에 속하는 것이다.

방종교의 형태를 그대로 행하면서, 교회는 성령의 기름부음, 성령의 역사라는 성경적 용어로 바꾸어 신비주의를 고무시키고 있는 것이다.

고대 이방 제사장들이 신탁으로 받은 예언적 계시를 교회에서는 예언 은사라 하여 마구잡이로 예언하는가 하면, 고대 이방 신전에서 행하던 황홀경의 신비적 상태를 성령의 넘어뜨림이라 하여, 성도들을 넘어뜨려 어떤 황홀경으로 안내한다. 이는 실로 우려할 만한 일이다.

주의 거룩한 영이 역사하면, 다양한 영적 현상이 일어나는 것은 당연한 일이다. 그러나 성령의 역사는 무분별하지 않으며, 무질서하지 않고, 성경의 안내를 벗어나는 일이 결코 없다. 주의 영의 유일한 목적은 주 예수 그리스도의 영광을 나타내고, 그분의 사역을 계속 이루어가는 것으로, 언제나 주님의 거룩하심과 하나님의 거룩한 영광이 임한다.

교회 성장을 갈망하는 많은 목회자들은 전통적인 방법으로 한계에 부딪히면, 새로운 교회성장 모델이나 어떤 프로그램들을 찾아보고 도입하려 한다. 이런 행위 자체가 잘못된 것은 아니지만, 단지 교회성장이라는 목표만을 추구하기 위한 모델들을 찾다 보면, 성경적이지 않은, 잘못된 기독교적 색채를 풍기는 여러 프로그램들을 무분별하게 도입하는 경향이 다분하다. 특히 외국에서의 급작스러운 성장 모델이 마치 성경에서 제시하는 모델인 양 그대로 흉내 내려는 행위는 아주 위험하다.

성도나 목회자들 모두 인간이다 보니 신비적 다양한 체험들을 좋아하고, 어떤 기대감을 갖고 추구하려는 본성이 지배한다. 이런 점을 잘 알고 있는 목회자들은 올바른 성경적 가르침이 아니라 할지라도, 성도들에게 신비한 영적 현상을 나타내 보이려는 잘못된 시도를 하게 된다. 그런 현상이 짙게 나타나면 악한 영들이 파놓은 덫에 걸려들고 만다. 그리고 점차적으로 그들과 한 무리가 되어, 교회와 성도들을 배도의 무서운 파멸의 길로 이끌어가게 된다.

필자는 교회성장에 관련한 다양한 프로그램이나 여러 신비적 행위에 대해 살펴보면서 참으로 기이한 일을 알게 되었다. 즉 이 모든 일을 추진하는 무리들이 한결같이 세계정부주의자들이며, 로마 카톨릭을 지지하거나 프리메이슨 혹은 일루미나티, 예수회에 속한 회원들임을 알게 되었다. 이들은 NEW WORLD ORDER를 추구하며, 새 시대 새로운 종교에 적극 협력하는 인사들이다. 그들 대부분이 고대 영지주의적 사상이나 현대 뉴에이지적 사상을 교회에 접목시켜 사람들의 마음을 훔치고, 여러 이방종교의 잘못된 신비 사상을 교회에 설파하는 인물들인 것이다.

우리나라의 교회성장이나 영성 훈련에 관한 대부분의 프로그램들, 혹은 독창적이라고 주장하는 프로그램 대부분이 세계정부주의자들의 잘못된 프로그램들을 우리 실정에 맞게 변형한 것들로서 배도적 내용들이 주류를 이룬다.

세계정부주의자들은 사람들의 심리를 연구한다. 특히 개신교에 대해 연구하면서, 이들이 연구한 심리적 방법을 적극 활용해 교회에 적용하며, 신비적 요소들에 약한 성도들을 미혹하는 일에 성공을 거두었다. 여기에 미혹된 성도들은 성경보다 신비적 현상에 이미 길들여졌다. 성경을 이야기하지만, 그것은 내가 기독교인이라는 사실만 입증할 도구로 사용될 뿐이다. 참된 성경의 가르침보다는 자신이 체험한 신비적 체험을 성경보다 우선하고, 그런 신비적 현상을 누리려 한다.

우리의 교회가, 우리의 성도가 세계정부주의자들이 뿌려놓은 신비주의에 눈이 멀어 서서히 무너져가고 있다.

5. 은사주의를 확산하라

가끔씩 세계정부의 교회 파괴 프로그램이나 신사도적 문제를 지적하는 강의를 하다 보면, 이런 질문을 받곤 한다. 혹시 목사님은 현재에 나타나는 성령의 은사들에 대해 어떻게 생각하느냐는 물음이다. 이런 질문들을 하는 것은 아마도 많은 현대 교회의 배도적 프로그램에 나타나는 여러 가지 표적이나 은사의 문제점들을 설명하면서, 이들에 의해 나타나는 잘못된 현상들에 주의해야 한다는 필자의 강의 때문일 것이다. 그러다 보니 본인을 은사에 대해 아주 부정적이고, 현재 나타나는 모든 은사들이 잘못된 것이라고 본다는 식으로 오해하곤 한다.

필자는 성령의 은사를 아주 귀하게 생각하는 사람이다. 화가 나는 것은, 귀한 성령의 은사들을 잘못된 신비주의적 은사주의자들이 그 물을 흐려놓았다는 것이다. 많은 보수적 교회들이 교회에 나타나는 다양한 은사에 대해 경계할 수밖에 없었던 것은, 은사를 빙자해 너무나 교회를 어지럽힌 무리들이 많았고, 대부분의 이단들이 은사를 이용해 성도들을 미혹했기 때문이다.

필자가 존 맥아더 목사의 은사에 대한 책을 읽어보고, 현대의 모든 은사를 귀신의 역사나 정신병자들이 하는 짓 비슷하게 취급하여 기록한 내용을 접하면서, 그에 대한 반론으로『은사 논쟁』[64]이란 책을 출간한 적이 있다. 워낙 무명소졸이다 보니 아마 책들이 많이 읽히진 않았을 것으로 보인다. 본인도 많이 소장하고 있으니, 필요하다면 이 책(『무너진 교회』)을 읽는 독자들에게 무료로 줄 계획이다.

『은사 논쟁』이란 책에서 필자는 존 맥아더 목사의 은사에 대한 내용을 성경적으로 비판하고, 은사에 대한 성경적 견해를 피력했다. 그 중 일부지만, 은사에 대해 격렬하게 논쟁이 되고 있는 방언 문제를 간단히 고찰하면서, 필자의 은사에 대한 입장을 먼저 정리해 보고자 한다.

방언을 반대하는 입장에서 중요한 관점 중 하나는, 방언이 외국 언어라는 확신에 찬 주장에 근거한다. 종교개혁자 칼빈 또한 이렇게 주장했다.

사도행전 2장에 오순절 사건 이후 바로 나타난 방언이 약 15개 정도의 외국 언어로 나타났기 때문에 방언은 외국 언어가 분명하며, 오늘날 나타나는 방언은 외국 언어가 아니기 때문에 절대 성경적 방언이 될 수 없다는 주장이다. 과연 그럴까? 사도행전 2장에 나타난 방언이 외국어로 나타났기 때문에 방언은 외국 언어라는 주장은 성경을 잘못 해석한 결과로 보인다.

성경을 자세히 읽어보면, 사도행전 2장의 방언은 외국 언어가 아니며, 외국 언어가 될 수 없다는 것을 발견할 수 있다. 왜냐하면 약 120여 명의 많은 성도들이 기도하는 중에 성령이 말씀하게 하심을 따라 다른 방언으로 말하기 시작했는데, 그때 예루살렘에 모인 경건한 유대인들, 이들은 여러 나라에서 온 사람들로서,65) 이들 모

---

64) 이 책은 2014년 1월 쿰란 출판사를 통해 출간했다.

두에게 자기가 살던 나라의 언어로 방언이 들리게 된 것이다. 얼마나 놀랐겠는가.

그런데 성경을 세밀히 보고 그때의 상황을 고려해보면, 120여 명 정도의 사람들이 방언으로 소리 내어 기도하는데, 어떻게 그 소리들이 약 15개국어로 분리되어 사람들에게 전달될 수 있는지. 만약 이들이 각 나라에서 온 사람들의 언어를 동시에 말하고 있었다면, 그 말이 무슨 말인지 과연 모인 무리들이 알아들을 순 있었을는지. 100명 이상의 사람들이 동시에 웅성웅성 소리 내어 말하고 있는데, 15개국 이상의 사람들이 과연 그 말들을 어떻게 알아들을 수 있었겠는가.

사실이 이런데, 만약 성령께서 역사하지 않았다면 무슨 말을 하는지 알아듣는 사람들이 아무도 없었을 것이다. 서너 명이 모여 동시에 다른 나라 언어를 일제히 말해도(설사 그 나라 사람들이 있다 하더라도), 무슨 소린지 제대로 분별하기가 쉽지 않을 텐데, 120여 명의 소리를 어떻게 이들이 분리해 들을 수 있었겠는가.

사도행전 2장의 방언이나 이후 나타나는 모든 방언들은 외국 언어가 아니라, 성령께서 주신 은사적 언어로서 영적 언어이다. 사도행전 2장의 방언이 거기에 모인 모든 사람들이 자국의 언어로 알아들을 수 있게 된 것은, 성령께서 그 방언들을 각 나라의 언어로 통역시켜, 비록 120여 명의 무리들이 동시에 말했다 하더라도 자기

---

65) 우리는 바대인과 메대인과 엘람인과 또 메소보다미아, 유대와 가바도기아, 본도와 아시아, 브루기아와 밤빌리아, 애굽과 및 구레네에 가까운 리비야 여러 지방에 사는 사람들과 로마로부터 온 나그네 곧 유대인과 유대교에 들어온 사람들과 그레데인과 아라비아인들이라 우리가 다 우리의 각 방언으로 하나님의 큰 일을 말함을 듣는도다 하고 (행 2:9~11)

나라 언어로 들을 수 있도록 하셨기 때문이다. 즉 방언을 성령께서 통역해 외국에서 모인 무리들이 알아들을 수 있게 하신 것이다.

방언이 외국 언어라면 이는 성경과 정면으로 대치된다. 왜냐하면 성경에서 성령의 은사는 신령한 것[66]이라고 했다. 외국 언어가 아무리 아름답고 우수하더라도 신령한 것은 절대 될 수 없다. 신령하다는 것은 거룩한 영에 속해 있는 것이라는 말이기 때문이다. 만약 방언이 외국 언어라면, 외국 언어는 모두 신령해야 된다. 이는 우습지 않은가.

방언에 관한 위의 견해는 필자의 『은사 논쟁』이란 책에 기록한 내용의 일부이다. 그 외에도 방언이 외국 언어가 아니라는 여러 증거들을 성경을 통해 밝히면서, 오늘날에도 여전히 성령께서 주시는 방언의 은사가 존재함을 분명히 밝히고 있다.

그러나 문제가 그렇게 단순하진 않다. 방언 같은 이런 영적 언어들은 기독교뿐만 아니라 무속인들, 그리고 대부분의 종교에서 나타나는 공통적인 현상이다. 그렇기 때문에 성령의 은사인 방언과 이방종교에서 나타나는 방언에 대한 올바른 분별이 반드시 필요하다. 이런 문제로 인해 성경은 다른 종교에서 찾아볼 수 없는 영분별의 은사를 이야기하고 있다. 영분별 은사의 중요성은 아무리 강조해도 지나치지 않다.

필자가 살펴본 바로, 많은 성도들이 하는 현대의 방언은 신비주의자들의 잘못된 신비적 현상으로 만들어진 현상들, 특히 신사도

---

66) 형제들아 신령한 것에 대하여는 내가 너희의 알지 못하기를 원치 아니하노니 (고전 12:1)

계열이나 오순절 계열의 잘못된 은사주의 운동에 의해 나타난 것이 대부분이었다. 그리고 이런 사상에 빠진 자들이 방언을 강조하고 심지어 방언을 가르치는, 아주 비성경적이며 마귀적인 일들을 성령의 은사라 하여 시행하는 것을 보고 아연실색하곤 했다.

은사를 지나치게 고집하는 나머지 은사주의에 빠지게 되면, 전체적인 성경의 가르침이 보이지 않는다. 은사주의 즉 은사 지향론자가 되면 외적 체험을 자꾸 경험하려 하고, 그렇지 않으면 은혜를 받지 못하는 무서운 상태로 변질된다. 그러다 보니 성경의 가르침보다 자신의 경험이나 체험을 우선하게 되고, 모든 성경을 자신의 신비적 경험을 통해 해석하려는 어리석은 자가 되어버린다.

종교를 통합하고 세계정부를 구성하고자 하는 자들이 은사에 관련한 이런 사실들을 모를 리 없다. 그래서 이들은 성령의 은사를 모방한 다양한 신비적 은사들을 교회에 보급한다. 비단 방언뿐만 아니라 예언, 신유, 축사 등과 같은 은사들도 같이 사용해, 모두 성령의 은사인 양 혼돈케 만들어, 우리의 교회를 신비주의로 변질되게 만들고, 여러 이방종교들과의 연합을 시도하게 함으로써 교회를 무너뜨리고 있는 것이다.

오늘날 교회성장, 혹은 영적 성장, 성령의 능력 등을 명분으로 하여 교회를 무너뜨리는 대부분의 프로그램들에는 모두 이런 신비적 은사들이 포진해 있다. 성경에도 없는 은사를 전이(임파테이션, impatation)하는가 하면, 방언을 가르치고, 방언을 배우게 하고, 예언을 가르치고, 예언을 배우게 하고, 병 고치는 은사를 가르치고, 또 배우게 하고, 이러한 은사를 빙자해 입신이라 하여 신비적 황홀경으로 사람들을 이끌어들인다. 이런 모든 일들은 일체 성경적이지 않다. 성경은 그렇게 가르치지 않는다. 모두 이방종교에서나 찾아볼 수 있는 현상들이다. 성도들이 이런 프로그램에 물들고 이런 사상에 빠지게 되면, 성경의 올바른 가르침을 받아들이지 못하고 결국 배도의 길로 빠지는 무서운 일이 발생한다.

성경에서 가르치는 은사는 절대적 성령의 주체 사역이며, 이런 은사들은 배워서 되거나 가르쳐서 알게 되는 것들이 아니다. 전이 되거나 억지로 받고 싶다고 받아지는 것이 아니다. 본인이 원한다고 주어지는 것도 아니다. 본인의 의사와 상관없이 거룩한 주의 영이 하시는 일이다. 그런데 오늘날 한국 교회의 은사운동을 보라. 과연 성경적이며 성경에서 가르치는 가르침을 따르고 있는지. 무분별하고 무질서하며 광란의 현장 같다. 실로 더 안타까운 것은, 성경을 올바로 알지 못하는 일반 평신도들은 그저 나타나는 신비적 은사의 경이로움에 황홀해 하며, 그런 은사를 베푸는 자들을 하나님의 능력 있는 종으로 인식해 맹목적으로 따라간다는 사실이다. 진리를 올바로 구분하지 못해 그저 끌려다니며, 자신의 영혼을 파괴하고 교회를 무너뜨리는 자들의 협조자가 된다.

로마 카톨릭은 조직적으로 은사주의 운동을 펼쳐 교회에 침투시켰고, 세계정부주의자들 또한 여러 교회성장 프로그램들을 만들어 은사주의가 교회에 만연하도록 노력했다. 그 결과는 대성공이다. 현재 은사를 빙자해 움직이는 세계적인 교회 리더들을 보라. 그들이 어디에 속해 있는지. 대부분 로마 카톨릭이나 프리메이슨 혹은 일루미나티에 속해 있는 인물들이다. 결국 이들은 세계정부의 지원과 서로간의 협조 하에 하나님의 교회를 배도의 길로 가게 만들어 무너뜨릴 것이다. 그리고 종교 통합이라는 이들의 목표를 완수해갈 것이다.

6. 방송국을 장악하라

앞에서 프리메이슨에 속한 미국 방송국들을 간단히 언급했다. 대부분의 방송국들이 이들에 속해 있다고 보면 된다.

현 미국 최대의 기독교 방송국은 폴크로치에 의해 설립된 TBN 방송국이다. 이 방송국에 나오는 대표적 인물들 대부분이 신사도 계열의 인물들이며 프리메이슨들이다. 미국의 CBS, NBC, 영국의 BBS 등 세계적인 방송사 대부분이 세계정부를 추진하는 이들과 밀접한 관계를 맺고 있다. 우리나라의 기독교 방송국이나 일반 방송국들 또한 그 영향력을 벗어나지 못하고 있다.

프리메이슨이나 일루미나티 등의 세계정부주의자들은 방송의 위대함과 그 힘을 잘 알고 있다. 따라서 그들은 방송국을 이용해 그들의 사상을 은밀히 전파하고 있으며, 그들만의 사인이나 표식들을 순간순간 내보내면서 사람들을 마인드콘트롤 하고 있다. 사람들이 방송을 보면서 이들의 사인이나 표식을 자기도 모르게 받아들이고 익숙해지면서, 서로간의 일치성을 느끼게 된다. 물론 대부분의 사람들은 세계정부주의자들의 표식인지 아닌지 전혀 알지 못하고 눈치 챌 수 없다. 그들의 정체를 공공연하게 나타내지 않기 때문이다. 그들을 알 수 있는 대표적 사인이나 표식들은 피라미드나 전시안, 그리고 666인 짐승의 숫자, 바포멧 등 사탄 모양을 한 다양한 형상들이다.

우리나라 대부분의 가수들이나 대중적인 인기를 얻고 있는 이들의 공연들을 살펴보라. 또 이름 있는 정치인들의 모습들을 살펴보라. 이들 모두가 세계정부를 이루고자 하는 프리메이슨이나 일루미나티의 사인들을 하고 있음을 발견할 수 있다.

방송의 힘은 가공할 만하다. 거짓을 진실로 만들며, 가짜를 진짜로 만들고, 없는 것을 있게도 한다. 사람들은 방송을 들으면서 온갖 정보들을 접하게 되고, 그 정보들을 은연중에 믿게 되며, 조정 받게 된다. 방송 대부분의 내용들이 세계정부주의자들이 추구하는 목표대로 움직이며, 그렇게 해야 방송사가 살아남는다. 기독교 방송이라 하여 예외가 아니다. 이미 우리나라 대부분의 기독교 방송들은 거짓 신사도적 설교나 거짓예배인 열린예배, CCM 노래들을 여과 없이 보내고 있다. 또한 다양한 신비주의나 잘못된 교회성장 프로그램들을 선전하고 그들의 집회를 광고한다.

앞으로 세계정부주의자들은 방송을 이용해 이들의 중요한 목적을 달성하게 될 것이다. 짐승의 표를 거부 없이 받도록 방송할 것이며, 은밀하게 사람들을 세계정부주의자로 만들어 기독교를 제거하는 일에 협조하도록 만들어갈 것이다. 방송을 통해 사람들의 마음을 조종해 더욱더 악해지고 조급해지도록 하며, 악을 악인 줄 모르게 만들어갈 것이다. 이혼, 동성애, 불륜, 혼전 동거, 음행, 가정파괴 등의 모든 일들이 미화되어 젊은이들의 전통적 가치관을 흔들어놓고, 성경에서 죄악시하는 모든 일들을 정당화시켜 나갈 것이다.

무서운 세속적 록이나 헤비메탈 음악을 방송을 통해 보내면서 젊은이들의 정서를 파괴하고, 사탄적 행위들을 자유롭게 하도록 만들어갈 것이다. 그리고 우울, 자살, 충동적 범죄 등의 행위들이 만연하도록 만들어갈 것이다.

방송의 여러 채널을 통해 과학과 고고학, 그리고 다양한 의학적 증거 아래 기독교의 기본 교리들을 파괴하고, 기독교가 종교의 통합을 방해하는 공공의 적이 되도록 은연중에 선전할 것이다. 그럼으로써 성경에 기록된 다양한 기적의 사건들을 의심하게 하고 성경의 여러 기록들이 신화나 전설로 자리 잡도록 할 것이다.

이들은 점차적으로 방송을 활용하여 세계정부의 당위성을 알리고, 세계적인 재난이나 테러범죄, 전쟁 등의 방송을 전하면서, 전 세계의 평화를 위한다는 명분으로 세계의 하나됨에 대한 호소의 방송들을 가속화시켜갈 것이다. 세계 평화, 세계 번영, 세계 행복 등의 구호들이 방송을 통해 나타나게 될 것이다. 방송뿐만 아니라 세계적인 잡지나 신문들 또한 세계정부주의자들의 대변인 노릇을 하게 될 것이다.

가끔씩 이들간의 충돌을 볼 수 있는데, 그렇다고 이들이 그려놓은 전체적인 그림들이 훼손되는 것은 아니다. 같은 조직이라도 서로간의 이해가 맞지 않으면 싸우거나 대립하기도 하지만, 그들의 세계정부 구성에 대한 전체적인 로드맵은 지금도 그대로 진행되고 있다.

이외에도 세계정부주의자들은 학교를 장악해 학교로부터 하나님을 버리도록 하고, 이들의 사상인 영지주의나 뉴에이지적인 사상 등을 학생들에게 심어주어 기독교를 버리게 하고 있다. 또한 학생들로 하여금 자연스레 세계정부의 당위성을 인정하도록 세계화시키고 있다. 세속적 성공을 꿈꾸는 자들은 세계정부의 모든 프로그램을 받아들이고 그들과 함께하면 성공할 수 있다. 하나님을 알지 못하는 자들은 이들의 매력적인 제안을 거부할 이유가 전혀 없다.

이미 우리 한국 교회는 전투적 교회의 형태를 상실한 지 오래다. 재정이 넉넉한 대부분의 교회는 여전히 교회의 몸집을 키우는 데 여념이 없고, 성도들이 피땀 흘려 바친 귀한 물질들이 세속적 향락과 쾌락의 도구로 쓰이고 있다. 수많은 목회자들이 교제라는 이름하에, 성도들이 바친 물질로 전국으로, 더 나아가서 세계로 놀러 다니는 게 일상이 되었다. 성도들 또한 서로 어울려 놀러 다니는 일들이 다반사로 일어나고 있다. 다들 왜 우리들의 교회가, 우리들의 성도가 그렇게 됐는지를 모른다. 다들 그렇게 하니 그냥 따라하고, 또 그렇게 하니 교회가 성장하는 것 같기 때문일 것이다. 성경은 이 세대를 본받지 말라고 하는데, 이 세대보다 더 앞서 달려가는 것 같다.

오늘날 한국 교회가 이렇게 된 것은, 보이지 않게 목회자와 교회를 조종하고 끌어가는 세계정부주의자들의 덫에 걸려들었기 때문이다. 이들의 교회 파괴 프로그램들에 의해 교회는 거짓으로 성장되어, 성도들의 참되고 바른 신앙들을 파괴시켰기 때문이다.

지금도 프리메이슨이나 일루미나티, 로마 카톨릭, 로마 카톨릭의 비밀 결사조직인 예수회 등 세계정부를 만들고자 하는 자들은 기독교의 기본 교리를 약화시키고, 성도들에게 실용적이며 합리적 사고를 통해 세속적 복을 추구하도록 이끌고 있다. 또한 신앙의 성숙과 교회성장이라는 이름하에 달콤한 신비주의적 여러 프로그램들을 활용토록 해서, 성도들을 성경과는 상관없는 교인으로 만들어가고 있다.

음모론

일루미나티니 프리메이슨이니
하는 단체들이 세계의 정치와 경제 그리고 종교와 문화 등을 지배
하고, 그들이 원하는 단일 세계를 만들어 전 세계를 그들의 통치
아래 두고자 한다는 사실은 모두 거짓이며, 말하기를 좋아하는 자
들이 만들어낸 하나의 음모에 불과하다는 것이 바로 음모론이다.
　세계에서 일어나는 수많은 전쟁과 테러의 배후에 이들이 있으며,
전 세계 경제를 좌지우지할 수 있는 경제적인 힘과 더불어, 각 나
라의 정치에 영향력을 미처 모든 나라의 정치적인 일까지 관여하
고, 방송과 언론을 장악하여 이들의 메시지를 암암리에 보낸다는
이야기, 세계적인 학교들을 이들의 손에 넣어 학생들을 자신들이
원하는 방향으로 교육해간다는 이야기, 종교를 통합해 새로운 새
시대 종교를 만들기 위해 종교 통합을 추진하고, 여기에 반대하는
모든 기독교인을 제거할 것이라는 이야기, 교회와 성도를 무너뜨리
기 위해 이들이 만든 교회성장을 빙자한 다양한 신비주의적 프로그
램의 전파 등등. 그야말로 현재의 세계는 이들의 손에 의해 놀아나

고 있고, 교회 또한 이들이 파놓은 덫에 걸려 이들의 손에 좌지우지된다는, 아주 황당하면서도 도저히 말도 안 되는 허황된 이야기를 진실인 양 사람들을 호도하고 미혹한다는 주장이 음모론의 일반적인 내용들이다.

세상 사람들은 이런 음모론 자체를 좋아하기 때문에 하나의 농담이나 소설마냥 가벼운 이야기 거리로 넘어간다. 여기에 대해 좀 심각히 이야기하면 조금 이상한 듯이 바라본다. 기독교 또한 그렇게 생각하는 자들이 대부분일지 모르겠다. 본인도 그렇게 생각했던 사람이기 때문이다.

일루미나티나 프리메이슨의 손에 의해 세계가 조종되고, 특히 이들이 종교 통합을 추진하고 교회를 무너뜨리기 위한 무서운 계획들을 교회에 갖고 들어오고 있다는 내용을 말하면서 그것을 주님의 재림과 연결시켜 이야기하면, 그냥 극단적 종말론자니 음모론자니 하면서 오히려 이단시하는 경향이 있는 것도 사실이다. 기독교 보수 교단들은 이미 공식적으로 프리메이슨과 일루미나티 등과 관련된 음모론을 기독교 종말론과 결부시키는 극단적 세대주의자들을 향해 이단 선고를 내리기도 했다.[67] 물론 극단적 세대주의자라는 말을 넣기는 했지만, 결국 프리메이슨이니 일루미나티니 하는 이야기들은 하나의 음모에 불과하니, 여기에 미혹되지 말라는 말이다. 이런 모든 것은 조작된 것이고 가상 시나리오이며 사실과 전혀 다를 뿐 아니라, 성경 해석도 극단적 세대주의자들이나 시한부 종말론자들이 긴박한 종말을 강조하기 위해 짜깁기한 것으로서 비정상

---

67) 대부분의 정통보수 교단들은 그렇게 생각하고 있으며, 특히 합신, 고신, 합동, 통합 등 대부분의 교단들이 그렇게 결론 내린다.

적인 해석을 한 것에 불과하다는 것이다. 사실 이 글을 쓰는 필자도 그랬으면 좋겠다. 정말 음모론으로 끝났으면 한다.

그러나 과연 그럴까. 정말 일루미나티니 프리메이슨이니 하는 보이지 않는 조직들이 이 세계를 조정하며, 우리 교회를 무너뜨리기 위한 여러 계획들을 하고 있다는 말이 거짓일까? 그리고 자신의 목숨까지 위협받으면서 이들의 정체를 폭로한 사람들의 이야기가 허구일까?[68]

인터넷 상에 떠돌아다니는 모든 내용들이 다 사실이라고 받아들이기는 좀 무리가 있어 보이는 면도 많이 있음을 부인할 수 없는 것은 분명하다. 그렇다고 일루미나티나 프리메이슨 등이 세계정부 구성을 위해 한 많은 일들 모두가 거짓이며 단지 음모론자들의 말장난이라고 치부하기엔 그 증거들이 너무 많다.

필자는 정치나 경제는 잘 모르지만, 이들에 대한 연구를 해보면서 세계정부 구성을 위해 이들이 현재 진행하는 여러 일들 중 종교통합을 위해 부단히 노력하고 있는 사실이라든지, 교회성장이라는 미명하에 만들어진 다양한 프로그램들이나 그 모방 작품들 대부분이 이들에 속해 있는 인물들에 의해 만들어진 작품이라는 것을 발견했다. 그리고 이런 프로그램들에 의해 영적으로 장악된 대부분의 교회들이나 성도들이 친 카톨릭적이며 다원주의적이라는 것, 아니면 세속적 복을 강조하고 이 복을 하나님의 성도들이 반드시 받아 누려야 한다는 비성경적 생각을 하며, 찬송가보다는 CCM을, 전통적 예배보다는 열린예배를 아주 선호하는 경향이 다분하다는 것을

---

68) 존 토드, 사발리, 아리조나 윌드, 마이론페이건 등의 인물들을 인터넷을 통해 조사해보면, 이들의 증언이 나온다.

알게 되었다.

지금 우리들의 시대에 이렇게 갑작스레 교회의 모든 전통이 무너지고, 교회와 카톨릭의 연합이나 세속화된 배도적 교회의 모습들이 급작스레 등장하는 것은, 그 배후에 어떤 모종의 음모들이 없다고 할 수 없다. 너무나 성경적인 것처럼 보이면서 전혀 성경적이지 못하고, 너무나 은혜로운 것 같으면서 성경적 은혜의 모습이 전혀 아니다.

세계 역사와 기독교의 모든 역사는 가진 자와 승리한 자들의 기록에 의해 그 역사성이 증명되는 것처럼 보인다. 그러나 세계 역사의 사실성이나 교회 역사의 사실성은 하나님 한 분 외에는 절대 올바로 알 수 없다. 교과서적으로 기록된 모든 역사들을 기록된 그대로 다 받아들이기엔, 그 진실성이 의심스러운 것들이 너무 많기 때문이다.

우리는 이슬람의 창시자를 마호메트로 보고 있다. 그러나 그 이면에 로마 카톨릭이 있음을 잘 알지 못하고 있다.[69] 우리는 종교개혁자로서의 루터는 잘 알아도, 루터가 사탄 숭배자들의 모임인 장미십자회 회원이었다는 사실, 그리고 예수 그리스도가 세 여자와 간음했다는 믿을 수 없는 말을 했다는 사실을 전혀 모르고 있다. 이런 사실들은 교회사를 다루는 어느 책에서도 찾아볼 수 없다. 마틴 루터는 자신이 남긴 독일어 작품[70]에서 예수님이 사마리아 여

---

69) http://cafe.daum.net/ciak (한국기독교 정보학회 운영자 답변 469)

70) 마틴 루터는 1532년 4월 7일-5월 1일에 그리스도가 세 번이나 간음했다고 기록을 남겼다
(D. Martin Luther Werke, kritische Gesamatausgab, vol.2,no. 1472, April 7-May 1, 1532, p.33. http://cafe.daum.net/ciak〔한국기독교 정보학회 운영자 답변 884〕)

인과 간음하고 죄인과 간음하고 막달라 마리아와 간음했다는 내용을 기록하고 있다. 아주 충격적인 일이 아닌가. 여기에 대해 좀 더 구체적인 내용을 알기 원한다면, 한국기독교정보학회 카페를 방문해 루터라는 이름을 조사하기를 권한다. 카페 장인 필레오 목사님의 글과 그에 대한 정확한 자료가 제시되어 있다.

좀 부담스러운 말인지 몰라도, 사탄의 거대한 음모를 거시적 관점에서 살펴보면, 하나님과 같이 사탄 또한 변함없이 자신의 목적을 달성키 위해 인간을 타락시킨 이후 계속 진행해오고 있다는 사실이다. 본질은 바꾸지 않은 채 시대에 따라 약간의 방법만 달리하여 하나님의 일을 방해하고 막으려 하고 있다. 모든 이방종교에 뿌리를 둔 영지주의, 현대의 뉴에이지 등 약간의 옷만 바꾸었을 뿐, 사탄의 이런 시도는 주님이 오실 때까지 계속 시도된다. 이런 사상에 뿌리를 두고 움직이는 단체가 오늘날 프리메이슨이며 일루미나티, 로마의 카톨릭, 예수회 등 세계정부주의자들이다. 그렇기 때문에 이들에 대한 올바른 이해 없이 세계 역사나 교회 역사를 제대로 이해한다는 것은 어려운 일이다.

모든 역사(세계 역사, 교회 역사)는 종교의 역사이며 종교와 별개로 하여 역사를 올바르게 파악하긴 어렵다고 본다. 육적인 것 이면에는 영적 실제들이 존재함을 성경은 명백히 알려주고[71] 있으며, 모든 종교도 이에 동의한다.

---

71) 우리의 씨름은 혈과 육에 대한 것이 아니요 정사와 권세와 이 어두움의 세상 주관자들과 하늘에 있는 악의 영들에게 대함이라 (엡 6:12)

이 세상은 하나님, 사탄, 인간의 삼각 구도로 진행되어왔고, 신에 대한 인간의 관계가 종교이다. 그렇기 때문에 결국 인간은 종교와 더불어 존재해왔으며, 이런 인간들은 하나님께 속한 무리들과 사탄에 속한 무리로 나누어져 눈에 보이지 않는 영적 대립을 지속하고 있다.

성경은 마지막 시대에 세계정부가 등장할 것을 말하고 있다. 세계정부는 짐승의 정부로서 하나님을 대적하는 마지막 정부가 될 것임도 분명히 밝히고 있다. 현재 세계정부를 추진하는 단체들은 프리메이슨, 일루미나티, 로마 카톨릭 등의 세력들이다. 이들은 서로 긴밀하게 협조해 세계정부를 이루기 위한 실제적 노력을 기울이고 있다. 많은 사람들이 말하는 음모론으로만 치부하기엔, 이들이 세계정부를 구성하고자 하는 실제적 증언이나 증명들은 너무 많다.

이들이 추진하고자 하는 세계정부의 중심에 종교 통합이 들어 있고, 현재 이 일이 진행 중임을 우리 그리스도인들은 잘 알고 있다. 왜 이들이 종교 통합에 그렇게 관심을 갖고 적극 추진하려고 할까. 그 이유는 간단하다. 종교는 정신을 지배하는 중요한 요인이 되며, 종교적으로 한 사상을 만들어 사람들을 지배하면, 그들이 추구하는 목적대로 사람들을 지배할 수 있기 때문이다. 결국 종교를 통한 이들의 사상적 일치가 정치나 경제, 문화 등의 모든 것들도 지배할 수 있는 기본적 사상의 틀이 되어 전 세계를 움직일 수 있게 된다는 신념 때문이다.

그리고 종교의 통합 없이는 세계정부 구성을 하기가 쉽지 않음을 잘 알고 있기 때문에, 이들은 세계정부에 걸맞은 새 시대 종교를 만들어 모든 종교를 통합하고자 하는 것이다.

성경은 이런 세계정부의 사상이 사탄적 사상이며 하나님을 대적하는 무서운 사상이 되어 하나님의 사람들, 즉 교회나 성도들에게 위협을 가하게 되고, 이들의 일에 협조하지 않는 그리스도인들을 박해할 수밖에 없는 현실이 될 것임을 분명히 계시하고 있다.

앞으로 세계정부 구성을 위해 이들은 정치를 움직이고 경제를 움직이며, 모든 방송과 매스컴을 장악하여 이들의 사상을 암암리에 전해갈 것이다. 그리하여 모든 사람들이 세계정부를 인정할 수밖에 없는 현실로 만들어갈 것이다. 이것은 음모론이 아니라 현실이다. 실제로 조금만 관심을 가지면, 이런 일들이 일어나고 있음을 충분히 알 수 있다.

문제는 이런 이들의 일을 막을 만한 그 어떠한 대안도 없고, 이미 대부분의 사람들이 알게 모르게 이들의 일에 협조하고 따라가고 있다는 것이다. 이들에 의해 세계정부가 구성될 수밖에 없는데, 그것은 현 세계의 정치와 경제, 그리고 종교를 움직이는 대부분의 사람들이 프리메이슨이나 일루미나티, 혹은 로마 카톨릭의 핵심 인물들이기 때문이다. 이들은 이들이 추구하고자 하는 중요한 로드맵을 만들어두어 그 로드맵대로 움직이고 있다. 필요에 따라서는 평화롭게, 때로는 전쟁이나 사회적 혼란을 조성해 이들의 목적을 이루어가고 있다. 결국 이들은 세계정부를 구성하게 될 것이고, 단일화된 이 세계를 사탄이 지배하는 세계로 만들게 될 것이다. 성경은 이를 예언하고 있고, 이에 대한 경계를 게을리하지 말 것을 성도들에게 당부하고 있다.

그리스도가 이 땅에 재림하는 것은 사탄에 의해 만들어진 짐승의 정부를 멸하고 성도들을 구원하기 위해서이다. 세계정부가 들어서면서 일시적 세계평화가 도래하는 것처럼 보이나,[72] 결국 그들의 정체를 드러내고 그들의 종교적 사상에 협조하지 않는 교회와 성도들에 대한 무서운 박해가 있을 것이다. 성경은 이런 박해에 대해 성도들이 결코 이길 수 없으며 짐승의 정부를 대적할 수도 없음을 말하고 있다. 결국 박해의 정점에 그리스도가 이 땅으로 재림해 짐승의 정부를 멸하고 그의 왕국을 건설하게 될 것이다.

이는 만들어낸 소설이나 픽션이 아니라, 실제로 되고 있고 앞으로 반드시 될 일들이다. 후론하겠지만, 성도는 이 환난을 받지 않고 휴거하는 것이 아니다. 이 시대에 살게 될 모든 성도는 이 환난을 받게 된다. 성도가 환난을 받지 않고 휴거된다는 거짓 신학은 사탄이 만들어낸 거짓이다. 성경은 그 어디에서도 환난 전 휴거를 말하고 있지 않다.

세계를 움직이는 흑암의 세력들은 이 세계를 짐승의 정부로 만들어 사탄을 숭배하도록 할 목적을 갖고 있다. 이는 음모가 아니라 성경이 가르치는 사실이다. 하나님 외에 모든 거짓 신들 위에 사탄이 자리하고 있다. 그 어떠한 형태의 신을 섬기든 하나님 외의 모든 신들은 사탄에 의해 만들어진 것이고, 결국 사탄을 숭배하도록 이끌게 될 것이다.

교회와 성도는 음모론에 휘말리지 말고, 현재 일어나는 영적 사실들을 직시하고 주님의 재림을 준비해가야 할 것이다. 세계정부 구성과 아울러 무서운 교회의 배도가 전 세계 교회를 휩쓸고 있다. 이는 머지않아 주님이 재림할 것임을 알리는 경고의 소리다.

---

72) 요한계시록 6장의 첫째 인이 떼어질 때 나타나는 일시적 거짓 평화가 있음을 말한다.

5

성경의 하나님,
내가 만든 하나님

이 세상에 존재하는 하나님은 셀 수 없을 정도로 많이 있다. 이는 수많은 사람들이 하나님을 만들어냈기 때문이다. 성경에 기록된 하나님은 영어로 GOD이다. 이 단어는 기독교 외 다른 모든 이방신들에게도 해당되는 단어로 사용되기 때문에, 종교를 갖고 있는 모든 사람들은 자신의 신을 하나님이라 부른다. 그러나 이들이 찾고 부르는 하나님은 성경에 계시된 하나님과 완전히 차이가 있다.

실제로 창세기 1장 1절에 하나님이라 불리는 히브리어 엘로힘이란 단어도 당시 근동 이방나라에서 그들의 신을 부를 때 사용하던 일반적 용어였다. 가나안 우가리트 문서에서 엘로힘이란 용어가 나타나는데, 이는 가나안의 모든 신들을 지칭할 때 사용된 단어이다.[73] 그리고 엘로힘은 모압인들의 신 케모시, 시돈인들의 여신 아스타르테 같은 다른 신들을 가리키는 데 사용되기도 했다.[74] 결국 엘로힘이란 기독교에서는 하나님으로 번역해 사용하지만, 당시 고대 근동지역에서도 자신들의 신의 명칭으로도 사용했던 단어인 것이다.

결국 이렇게 사용된 하나님이란 용어를 바로 알기 위해서, 다시 말하면 우리가 말하는 하나님, 성경에서 계시하는 하나님을 올바로 알기 위해서는 반드시 성경을 통한 가르침 속에서만 참된 하나님을 알게 되는 것이다.

우리에게 성경이 필요한 것은 참된 하나님, 성경에서 계시하는 하나님을 바르게 믿으라고 주신 것이다. 성경에서 계시하는 하나님을

---

73) 다음 위키백과.

74) 다음 백과

바로 알지 못한 채 아무리 하나님을 입으로 고백하고 시인해도 그는 구원을 받지 못한다. 앞에서도 말했듯이 로마 카톨릭의 하나님과 우리가 믿는 하나님은 서로 다른 하나님이다. 이들의 하나님은 루시퍼로서 성경에서 말하는 사탄을 믿는 하나님이고, 우리가 믿는 하나님은 성경에서 계시한 바른 하나님이다. 로마 카톨릭의 엘로힘은 루시퍼이고, 우리의 엘로힘은 유일하신 하나님이다. 이는 성부와 성자와 성령 삼위의 하나님을 말한다.

오늘날 성경을 가르치는 목회자들 가운데 자신의 가치관이나 사상을 입증하는 수단으로 성경을 활용해서, 비록 성경을 읽고 인정하지만 성경의 하나님을 믿지 않고 자신이 깨달은 하나님, 자신이 느낀 하나님, 자신의 사상과 일치하는 하나님을 믿고, 그런 가르침들을 성도들에게 전달해주는 일들이 허다하게 일어나고 있다. 성도들은 아무것도 알지 못한 채, 이렇게 자신이 섬기는 목회자가 가르치는 대로 하나님을 믿고 받아들이는 현실이다. 그러다 보니 목회자가 만든 하나님, 혹은 자신이 만든 하나님을 믿으면서, 이 하나님을 성경에서 계시한 하나님으로 착각하고 있다.

인간의 영적 체험이 성경에서 가르치는 사상과 일치하지 않으면 아주 위험해진다. 성경의 하나님을 믿지 않고 자신이 만든 하나님을 믿는 대부분의 사람들은 성경보다 자신의 체험을 중요하게 생각하고, 자신이 체험한 하나님, 자신이 경험한 하나님을 강조한다. 그러면서 스스로가 자신이 영적으로 깨어 있는 자라는 착각을 많이 한다.

우리가 하나님을 쉽게 말할 수는 있으나, 성경에서 계시하는 하나님을 믿고 인정해야 한다. 내가 생각하는 하나님, 내가 느낀 하나님, 내가 깨달은 하나님이 아니라, 성경이 계시하는 하나님을 믿어야 한다. 이것이 믿음이며, 그런 믿음을 가진 사람들이 참된 하나님의 백성인 것이다.

우리는 인간의 체험적 계시가 아닌, 성경을 통해 그리스도 안에 있는 믿음의 도리를 배우게 된다. 인간의 학문적 사상이나 철학적 깨달음을 통해 하나님을 알게 되는 것이 아니라, 오직 성경을 통해서만 하나님을 알게 되고 깨닫게 되는 것이다. 신앙의 모든 가르침도 성경을 통해 배워야 한다. 어떤 신비주의적인 깨달음에 의해 배워지는 것이 아니다. 성경만이 죄로 인해 죽은 인생들에게 올바른 구원의 길을 제시해줄 수 있으며, 잘못된 모든 신비주의나 잘못된 배도적 사상들을 올바로 구분해줄 수 있는 척도가 된다.

성경을 바로 배우지 못하면, 성경의 하나님을 믿는 것이 아니라 이방종교처럼 자신들이 만든 자신의 하나님을 믿는 불행한 일이 생기게 된다. 한국 교회의 배도는 결국 하나님의 말씀인 성경을 올바로 알지 못함으로써 일어나는 현상이다. 이 현상이 마지막 시대의 성도들을 무너뜨리게 될 것이다.

현대에 나타난 신사도적 가르침의 하나님과 예수님은 대부분 이방종교에서 갖고 들어온, 거짓 영들에 의해 만들어진 하나님이다. 이들에 의해 나타난 하나님은 세속적 성공과 부를 강조하며, 세상의 모든 영역을 정복하고 다스리며 흑암의 세력을 물리치라 가르치고, 세속적 부의 성공을 통한 정복을 가르치고 있다. 전혀 성경과 맞지 않는 것들이다. 회개를 통한 성도들의 갱신을 주장하지만, 이들이 말하는 회개는 성경에서 말하는 영적 회개가 아니라, 도덕적 삶으로의 귀환을 의미하는 세속적 회개를 가르친다.

성경을 잘 모르는 성도들은 이들의 신선한 바람에 동조되어, 이 바람과 함께 이들이 말하는 거짓 하나님을 참 하나님으로 받아들이는 무서운 결과를 초래한다. 성경보다는 세속적 성공이나 복에 관심이 많아지고, 세속 문화에 서서히 동화되어 결국 배도의 무서운 길로 가게 된다.

6

신사도와 거짓
목자에 의해 무너지는 교회

현재 기독교에 대한 사회의 시선은 따갑다 못해 아주 냉소적이다. 통계에 의하면, 기독교에 대한 일반인의 신뢰도는 10%를 넘지 못한다. 10명 중 1명 정도만 기독교에 대해 신뢰한다고 한다. 물론 단순한 통계에 불과하지만, 우리는 이를 전적으로 무시해선 안 된다. 대부분의 대중 매체도 기독교에 대한 긍정적 표현보다는 부정적 표현을 많이 하고 있다. 수많은 종교적 비리 또한 기독교가 다른 종교에 비해 월등히 많은 것처럼 강조하기도 한다.

　기독교에 대한 비난의 소리는 우리의 교회가 무너져감을 알리는 신호탄이며, 참된 그리스도인들에 대한 박해의 예비 징조와 같은 것이다. 교회의 무너짐은 이미 성경에 계시된 것으로서, 마지막 시대의 극단적 배도 현상과 맞물려 돌아가게 된다.

　교회의 배도 현상은 늘 있어왔다. 하지만 현대에 들어 나타나는 배도는 과거의 배도와 확연한 차이를 보인다. 지역적이거나 부분적이 아니라, 전 세계적이며 전 교회적으로 나타나고 있다. 결국 이런 배도는 건전한 모든 교회를 무너뜨리고, 곧 등장하게 될 새로운 짐승의 정부가 되는 세계정부의 꼭두각시 같은 교회들을 만들어낼 것이다. 이런 배도의 일을 이끌어가는 무서운 운동이 신사도 운동 혹은 신복음주의 운동이다.

신사도(복음)주의

마지막 시대 배도의 주체로서 전 세계를 거짓된 표적과 예언, 다양한 신비주의로 교회를 무너뜨리는 실체가 신사도, 신복음주의적 운동들이다. 신사도와 신복음주의는 결코 분리할 수 없는 성격을 갖고 있다. 신사도 운동을 하는 자들은 모두 신복음적 사상을 갖고 있으며, 신사도적 운동에 적합한 새로운 복음, 즉 신복음을 통해 그들의 사역을 이루어가고 있기 때문이다. 그렇기 때문에 신사도주의자는 곧 신복음주의자이며, 신복음주의자는 곧 신사도주의자이다.

우리 성도들은 신사도가 무엇이며 신복음이 무엇인지 전혀 알지 못한다. 그리고 관심도 없다. 그냥 목회자가 그렇게 하니 그런가 보다 하고 따라간다. 예전에 느끼지 못했던 역동적인 일들이 일어나니, 그것이 거짓인지 아닌지 전혀 알지 못하고 맹목적으로 받아들이는 실정이다.

성도들을 미혹하고 배도케 하는 주체는 성도가 아니라, 절대적으로 목회자이다. 목회자의 책임이다. 목회자의 영적 무지와 성경적 무지, 단지 성도들에게 뭔가 새로운 것을 주고 교회를 성장시키려는 맹목적 열망과 무지로 인해, 약인지 독인지 모르고 무분별하게 비성경적 요소들을 받아들여, 오늘날 우리의 성도와 교회들을 오염시켜버렸다. 이 오염에 물든 성도들은 이제 거짓을 진리로 믿게 되었고, 성경의 가르침보다 외적 현상을 더 중요시하는 신비적 체험주의자로 변질되어버렸다.

신사도주의의 영향력은 이제 우리가 막을 수 없을 정도로 커져버렸다. 세계적으로 유명한 교회나 목회자들, 그리고 우리나라의 수많은 대형교회들이 신사도의 영향을 통해 우리 한국 교회를 신사도적 교회들로 만들어버렸다.

매 집회나 예배, 혹은 기도회 때마다 감정적 도취 상태로 만들어가야 하나님을 만난 것 같은 착각이 들도록 오염시켜버렸다. 경건한 예배와 찬양은 점점 사라지고, 세속적 예배와 노래들로 예배와 찬양을 점령해버렸다. 교회가 이렇게 하는 것이 잘못된 것인 줄 대부분 몰랐었다. 이것이 성경에서 금하는 일인 줄, 현재 일어나고 있는 신사도적 여러 형태들이 성경으로부터 이탈케 하는 배도적 일인 줄을 모두가 몰랐었다.

신사도라 하니 신선했고, CCM 찬양이라 하여 불러보니 흥겨웠으며, 폭발적인 기도를 하니 정말 하나님이 역사하는 것 같았다. 실제로 병 고침이 일어나고 다양한 기적이 일어나니 경이에 찬 눈으로 바라보고, 나도 저런 일들이 일어났으면 하는 기대를 가지기도 했다. 예언기도 받아보니 하나님의 말씀 같았고, 예언기도를 해주는 사람은 정말 하나님의 대사도 같았다. 초대교회 당시 역사했던 주의 사도들이 정말 다시 내려온 것 같은 착각이 들 정도로 감동을 주었다.

신사도적 모임에 가니 정말 열광, 은혜, 감격의 도가니이자 문제 해결의 장소 같았다. 교회는 점점 부흥되어가고, 예전에 고리타분하던 예배는 이제 활기를 되찾았고, 느릿느릿 부르며 타령조 같던 찬양은 이제 생명력 있는 찬양으로 다시 살아났다. 남이야 뭐라고 하든, 성경이 무엇이라고 하든, 내가 좋고, 내가 은혜 받고, 내 문제만 해결되면 그만이지, 고리타분하게 신학이니 성경의 바른 가르침이니 하는 것은 나에게 중요하지 않았다. 성경에 기록된 말씀보다 실제로 나타나는 이 표적이 중요하지 않은가.

신사도적 다양한 프로그램들이 로마 카톨릭적이고, 이방적이며, 이것이 세계정부가 교회를 무너뜨리기 위해 교회에 퍼트리는 음모라는 것은 다 거짓말이며, 설사 거짓말이 아니더라도 나는 나에게 도움을 주는 신사도적 가르침이 너무 좋다….

이는 오늘날 신사도적 사상에 물든 성도와 신사도를 이끌어가는 사람들의 모습이다. 이들의 손에 성경이 들려 있고, 이들의 입술에 복음이니 하나님이니 하는 거룩한 성경적 용어들이 가득 차 있다. 회개와 갱생을 부르짖고 임박한 심판에 대한 두려움을 주기도 한다. 아름다운 거짓이 진리 위에 포진해 진리를 가려버렸다. 성도들은 참된 진리를 보지 못하고, 거짓된 아름다움만 보게 되었다. 정통이 무너지고 비진리가 진리를 대체해 그 자리에 들어왔는데도 감각이 없어져버렸다. 이젠 비정통이 정통이요, 비진리가 진리인 것처럼 우리의 의식을 지배하고 있다.

우리 주님은 마지막 시대 우리에게 무서운 경계의 말씀을 주신다.

예수께서 대답하여 가라사대 너희가 사람의 미혹을 받지 않도록 주의하라, 많은 사람이 내 이름으로 와서 이르되 나는 그리스도라 하여 많은 사람을 미혹케 하리라 (마 24:4~5)

거짓 선지자가 많이 일어나 많은 사람을 미혹하게 하겠으며 (마 24:11)

그때에 사람이 너희에게 말하되 보라 그리스도가 여기 있다 혹 저기 있다 하여도 믿지 말라, 거짓 그리스도들과 거짓 선지자들이 일어나 큰 표적과 기사를 보이어 할 수만 있으면 택하신 자들도 미혹하게 하리라 (마 24:23~24)

그리고 사도바울도 데살로니가 교회를 향해 종말에 관한 교훈적 가르침에서 다음과 같이 말씀하고 있다.

악한 자의 임함은 사단의 역사를 따라 모든 능력과 표적과 거짓 기적과 (살후 2:9)

위의 주님의 말씀과 사도의 말씀이 우습게 보이는가. 주님의 제자들이 주님께 나아와 주님 오실 때, 즉 마지막 시대 때 어떤 일이 일어날 것인가를 묻자, 주님은 거짓 선지자에 대해 3번이나 주의를 주신다. 왜 3번이나 강조하면서 거짓 선지자들에 대한 경계의 말씀을 주셨을까.

지금은 성경에서 계시한 종말의 때, 즉 주님이 재림하실 때가 가까워진 것은 성경의 계시를 통해 이 세상이 돌아가는 것을 보면 알 수 있는 일이다. 그렇다면 주님은 이런 시대가 오면 수많은 거짓 선지자들이 일어나, 할 수만 있으면 택한 백성이라도 미혹케 한다고 했는데, 과연 누가 거짓 선지자들일까.

거짓 선지자는 성경을 이용해 자신들의 목적을 달성하는 무리들로서, 성경의 올바른 가르침을 따르지 않고 성경적이지 않은 다양한 표적이나 기사들을 앞세워 성도들을 미혹하는 자들이다. 오늘날 신사도 운동을 하는 자들이며, 신사도적 능력을 앞세워 성도들을 미혹하는 자들이다.

신사도적 운동에 미혹되면 자신이 원하든 원치 않든 성경이 보이지 않고 성경이 들리지 않는다. 외적 표적들만 머리에 가득 차고, 세속적 부와 긍정이니 적극적 삶 등의 비성경적 요소들이 삶에 자리 잡고 그런 비성경적 소리들만 귀에 들린다.

신사도적 운동에 미혹되면 서서히 성경과 멀어지고, 예언과 같은 뭔가 신비적 능력에 집착케 된다. 점차적으로 다원주의적 사고가 자리 잡게 되며, 상황주의적 거짓 복음이 자신을 합리화하게 만들어버린다.

신사도주의적 운동에 미혹되면 모든 거짓 능력들을 성령의 역사로 오해한다. 성령의 기름부음이 임해 나타나는 현상으로 착각한다. 거짓 이방종교에서 행하는 일들을 스스럼없이 행하면서 그들이 받는 신탁 비슷한 열광 속으로 빠져들어, 사탄의 달콤한 속삭임을 성령의 음성이라 하여, 스스로를 하나님의 사랑받는 백성으로 착각한다.

만약 신사도적 운동을 통한 교회 각성과 올바른 교회성장이 나타났다면, 우리 한국 교회는 이처럼 부패하거나 세속인들의 지탄 대상이 되지 않았을 것이다. 우리 교회에 대한 세속인들의 불신과 냉소는 거짓 복음을 받아들인 한국 교회의 실정을 그대로 대변하는 것이다. 거짓 복음을 받아들이다 보니 참된 복음을 통한 변화가 일어나지 않기 때문이다.

성도들의 관심은 이미 세속적 부로 옮겨갔다. 성도들의 관심은 하늘나라에 대한 사모함이 아니라, 이 세상에서의 행복과 부로 가득 채워져 있다. 부의 축적은 곧바로 신앙의 승리라는 등식이 만들어졌다. 그래서 오늘날 우리 성도들은 죽기 살기로 이 세상의 물질을 모으기에 혈안이 되어 있고, 자녀들 또한 그렇게 만들어가고 있다.

슬픈 일이지만, 대안은 없다. 이제는 돌이킬 수 없다. 돌이켜지지도 않는다. 에스겔의 공허한 외침만이 들릴 뿐이다. 이 백성들이 듣든지 아니 듣든지 너는 전하라는 말씀. 이는 듣는 무리들보다 안 듣는 무리들이 대부분이라는 말씀이다. 그래도 너는 전해야 한다는 말씀.

신사도적 운동의 실체들이 누구인지 아는가. 이들이 가져온 모든 프로그램들, 예언기도, 관상기도, 호흡기도, 알파코스, G12, 금가루 사역, 땅밟기 기도, 새 표적기사 운동, 그리고 이런 운동을 모방한 두 날개 운동 등이 무엇인지 아는가.

세계정부주의자들은 교회를 효과적으로 공략키 위해 다양한 노력을 기울여왔다. 이들은 성도들의 종교적 심리를 최대한 이용해 기독교적 용어를 그대로 사용하면서, 이방종교의 형태를 교회로 이끌고 들어왔다. 성경을 잘 알지 못하는 성도들이나 목회자들은 이런 이들의 음모를 알 수도 없고, 비성경적 요소들을 전혀 발견할 수도 없었다. 하나님을 빙자한 기도, 예언, 방언, 축사 등을 하니 어떻게 성경적으로 구분할 수 있었겠는가. 충분히 이해되는 일이다. 그렇기 때문에 성도를 지도하는 목회자들은 많은 공부를 해야 한다. 특히 성경을 바르게 아는 일에 전심전력해 성도들에게 바른 성경을 가르쳐야 한다. 사탄은 모든 것을 속일 수 있으나, 성경은 속이지 못한다. 성경을 바로 알게 되면 세계정부의 비밀이 보이고, 이들의 음모들이 간파되며, 잘못된 비진리의 거짓들이 보인다. 성령의 역사인지, 악령의 역사인지에 대한 올바른 영분별이 된다.

이제는 늦었다. 돌이키기엔 너무 멀리 와 있다. 진리를 호소해도 잘못된 사상에 감염된 무리들에게는 진리로 들리지 않는다. 그저 영적으로 무능력한 자로만 치부당한다.

필자는 한국 교회, 아니 세계 교회에 대한 미래는 없다고 본다. 이는 나의 개인적 생각이 아니라 성경에서 안내하는 내용이다. 바울은 마지막 시대에 대한 징조를 설명하면서, 주님이 오시기 전 무서운 배도가 있을 것임을 알려주고 있다.[75] 이 배도는 단순히 어떤 특정한 지역을 의미하는 것이 아니라, 전 세계적으로 일어나는 일이다. 그렇기 때문에 앞으로의 배도는 더욱더 강하게 나타날 것이

---

75) 누가 아무렇게 하여도 너희가 미혹하지 말라 먼저 배도하는 일이 있고 (살후 2:3)

고, 정당화되며, 교회와 성도들을 점령해나갈 것이다. 배도에 넘어간 교회나 성도들이 다시 돌아서는 일은 쉽게 일어나지 않을 것이다. 오히려 배도를 경계하는 자들을 의심의 눈초리로 바라보게 될 것이다.

교회의 배도에 있어 신사도 운동을 거론한 것은, 이것이 오늘날 모든 배도의 근간을 이루기 때문이다. 이 신사도는 고대 영지주의적 요소와 오늘날 뉴에이지적 요소를 모두 지니고 있다. 영지주의나 뉴에이지에서 기독교와 비슷한 점을 찾기란 어렵지 않다. 이들도 기도하고, 이들도 찬양하며, 이들도 하나님을 찾고 부른다. 그러나 이들의 모든 형태는 성경과 다르다. 이런 이들의 배후엔 사탄이 있고, 사탄의 조정을 받는 세계정부주의자들이 포진해 있다. 이들은 에큐메니컬 운동을 적극적으로 추진해서 모든 종교의 통합에 일조하게 될 것이다. 이들은 로마 카톨릭이나 다른 모든 이방종교에도 동일한 구원의 길이 있다고 믿기 때문에, 이런 이들의 사상에 반대하는 정통교회는 이들에 의해 배척받게 될 것이다. 실제로 신사도 운동을 통해 교회를 변혁하고자 하는 자들은 이들의 변혁에 동참치 않는 교회들을 암 덩어리로 보고 있다. 이 암 덩어리들은 없어져야 할 존재이기 때문에 정통교회가 반드시 제거되어야 한다고 본다.[76)]

신사도에 대한 연구는 많이 이루어졌다. 정말 이 시대와 교회에 대한 관심이 조금이라도 있다면, 정말 하나님의 백성이라면, 도대체 신사도 운동이 무엇인지를 살펴보라. 조금의 시간만 투자하면

---

76) http://blog.naver.com/yoochinw/130080553633

될 것이다. 이들을 이끄는 무리들이 누구인지, 이들의 주장이 과연 성경적으로 옳은지. 그리고 이런 교회에 다니면서 은혜 받고 있다고 하지는 않는지.

너무 많은 신사도 운동의 내용을 밝히기가 힘들어 독자들의 진지한 검토가 이루어지길 기대하며, 신사도 운동을 하는 교회나 그런 자들의 특징을 다음과 같이 정리했다. 도움이 되길 바란다.

1. 예언 사역을 즐겨 하는 교회나 목회자.
2. 방언 사역을 즐겨 하는 교회나 목회자.
3. 임파테이션 사역을 시행하는 교회나 목회자.
4. 넘어뜨리는 사역을 즐겨 하는 교회나 목회자.
5. 열린예배 사역을 하는 교회나 목회자.
6. 찬송가보다 CCM 찬양을 중심으로 하는 교회나 목회자.
7. 치유를 중심으로 하는 교회나 목회자.
8. 목회자에 대한 지나친 복종을 강요하는 교회나 목회자.
9. 교회 내의 장식을 지나치게 치장하는 교회나 목회자.
10. 사도와 선지자라는 말을 즐겨 하는 교회나 목회자.
11. 기복적, 긍정적, 적극적 사고 중심의 설교가 많은 교회나 목회자.
12. 신사도적 예배, 신사도적 교회, 신사도적 세대, 신사도적 질서 등, '(신)사도'라는 말을 자주 사용하는 교회나 목회자.
13. 오중 직임(에베소서 4장 11절)을 자주 언급하고 교회에 사도와 선지자들의 직분이 회복되어야 한다고 말하는 교회나 목회자.
14. 대추수와 '킹덤'이라는 말을 자주 사용하는 교회나 목회자.

15. 백 투 예루살렘, 다윗의 장막의 회복, 이스라엘의 회복, 예루살렘의 탈환 등의 말을 하며, 이스라엘이 다시 아브라함의 언약의 약속을 회복해야 한다고 말하고, 구약의 절기가 다 회복되어 다시 지켜져야 한다고 말하는 교회나 목회자.

16. 한 새 사람(One New Man), 혹은 한가지 일(One Thing)이라는 말과 구호를 자주 쓰며, 기존의 교회는 종교의 영에 사로잡혀 있어서 이제 새로운 교회가 세워져야 한다고 말하는 교회나 목회자.

17. 네트워크라는 말을 자주 쓰며, 교회와 세상이 하나의 네트워크로 통합되어야 한다고 말하는 교회나 목회자.

18. 7개 권역의 회복(또는 점령)이라는 말을 자주 쓰며, 특히 재정의 산이 점령되어 세상의 부가 교회로 들어와야 한다고 말한다. '일터 사역' 혹은 '비지니스 사역'이라는 말을 자주 하며 헌금을 강조하는 교회나 목회자.

19. 크라운 재정 세미나 등의 재정 프로그램들을 교회로 끌어들이는 교회나 목회자.

20. 신사도 단체나 사역자가 주관하는 집회에 자주 참석하고, 교회에서도 광고하며 참여를 종용하는 교회나 목회자.

21. 예언자들이라고 하는 정체불명의 사람들을 교회로 끌어들여 집회하고, 자신들도 적극적으로 예언하라고 말하는 교회나 목회자.

22. 재정의 돌파, 상황의 돌파 등 '돌파'라는 용어를 자주 사용하는 교회나 목회자.

23. 하프 앤 보울 예배를 신령한 예배, 기름부음 예배라고 소개하며 도입하는 교회나 목회자.

24. 교회가 양적으로 성장하고 재정이 늘어나는 것이 하나님의 복이며 뜻이라

고 하는 교회나 목회자.

25. 직통 계시를 강조하고, "지금 나에게 하나님이 말씀하신다"는 말을 자주 하는 교회나 목회자.

26. 예수를 예슈아라고 부르고, 유다의 사자라는 표현으로 호칭하는 교회나 목회자.

27. 새 부대(New Skin), 새 술(New Wine)이라는 표현을 자주 하며, 자신들이 새 부대와 새 술이라고 말하는 교회나 목회자.

28. 사도행전적 교회라 하여 알파코스, G12, 두 날개 등의 신사도적 프로그램에 대해 긍정적으로 말하는 목회자.

29. 로마 카톨릭이나 WCC 등 종교 통합 운동에 대해 좋게 말하는 목회자.

30. 자신이 초대교회의 사도와 같은 직임을 받았다고 말하는 목회자.

31. 방언을 가르치고, 예언을 가르치며, 은사를 가르쳐, 받을 수 있다고 말하는 교회나 목회자.

이상의 일들을 일부 한다고 해서 모두 잘못된 것은 아니지만, 교회성장이란 명분하에 위와 같은 일들을 종종 시행한다면, 자칫 배도에 빠져 성도들을 잘못 인도할 수 있다. 그러니 항상 성경의 조명을 통해 영적 분별을 정확히 해야 한다.

현재 우리 한국 기독교 대부분이 신사도의 영향을 받지 않은 곳이 없을 정도로 그 영향력은 광범위하게 퍼져 있다. 기독교 방송들, 기독교 기관들, 교회들 등, 일일이 열거하기엔 너무 방대해 다 정리할 수 없다. 그러나 신사도 운동에 참여하는 교회나 단체들에 대해 주의를 주고 경고하는 인터넷 사이트에서 정리한 내용들이 많이 있

으니 참고하길 바란다

신사도 운동을 하는 단체나 교회, 인물들은 인터넷을 통해 우리가 충분히 알 수 있는 내용들이지만, 인터넷에 나타나는 모든 내용을 모두 사실로 받아들이기엔 좀 무리가 있어 보이는 것도 사실이다. 그러니 이 문제는 독자들의 성경적 혜안이 필요할 것으로 보인다. 역으로 인터넷 상에는 없지만, 신사도적 운동이나 이와 유사한 행위들을 하고 있는 교회나 기독교 단체들 또한 아주 많다. 필자 주변에도 헤아릴 수 없이 많이 있다.

심리적으로 우리는 자신이 속해 있는 교회나 단체, 그리고 자신이 따르는 영적 인도자들을 옳지 않다고 평하는 것에 대해 좋지 못한 마음을 가지게 된다. 이는 당연한 일이다. 우리는 우리를 영적으로 인도하는 지도자들을 존경하고 그 가르침을 순전한 마음으로 따라야 한다. 그것이 성도로서의 마땅한 도리다. 그러나 성도는 영적 인도자를 따르기에 앞서, 하나님의 백성으로서 하나님께 속한 자들이다. 하나님 백성의 모든 척도는 성경이며, 성경을 통해 영적 분별력을 키워가야 한다. 맹목적으로 영적 인도자들을 따르기보다는, 성경적 검토를 통해 옳고 그름을 분별해야 한다. 그리고 잘못되었다면 사랑 어린 권면이 있어야 할 것이다.

신사도적 운동에 속해 있는 성도들은 자신들의 사역이 성경적이며, 자신을 지도하는 목회자나 영적 인도자들이 하나님의 신실한 사역자라고 믿어 마지않는다. 오히려 이들의 문제점을 지적하는 무리들을 잘못된, 비영적인 인도자로 내심 확신한다.

필자는 신사도적 운동에 속해 있는 모든 성도들이 잘못된 것은 아니라고 본다. 성경을 올바로 알지 못해 나타나는 잘못된 현상학적 경험들이 그들을 이렇게 만들어가고 있다. 진정 하나님의 백성이라면, 반드시 잘못된 영의 길로부터 돌아설 것이라 확신한다.

혹 자신이 속해 있는 교회나 기독교적 단체, 모임이 신사도적 운동과 흡사한 운동을 하고 있다면, 성경적으로 자신의 교회나 단체에 대해 진지하게 검토해보라고 부탁하고 싶다. 정말 하나님을 사랑한다면, 열린 마음으로 성경적 검토를 통해 현명한 신앙적 결단을 하기를 간절히 기도한다.

성직 매매와 거짓 목사

AD 313년은 기독교회사의 한
획을 긋는 중요한 해다. 약 300여 년 이상 로마로부터 박해를 받아오
던 기독교가 로마의 박해를 이기고 정식적으로 인정받은 해다.

당시 서로마는 막센티우스와 콘스탄틴 간의 통치권을 놓고 심각
한 대립관계에 있었다. 312년 처남 매부 사이였던 서방의 두 권력
자 막센티우스와 콘스탄틴이 서로 권력을 쟁취하기 위한 일전을 치
르게 되었다. 유세비우스에 의하면, 전투 전날 밤 콘스탄틴은 '이것
으로 정복하라(In hoc signo vinces)'는 계시와 함께 십자가 환상
을 보았다고 한다. 콘스탄틴은 헬라어 키(χ)와 로(ρ)를 겹쳐 쓴 문
장을 들고 나아가 밀비안에서 승리해, 서방제국의 최고 권력자로
올라서게 된다. 그의 나이 24세였다.[77]

312년 10월 27일 밀비안 전투에서 승리한 콘스탄틴은 다음해인
313년 1월 밀란에서 동로마를 통치하던 리키니우스를 만나 서로

---

77) 이상규, 이상규 교수가 쓴 『교회의 역사 강의안』, p.41.

동맹을 맺고 여기서 밀란 칙령을 공포하게 되는데, 그 중 하나가 기독교의 공인이었다. 이 칙령을 통해 그들은 기독교에 대한 탄압을 중지하고 교회의 재산들을 모두 돌려준다는 내용을 포함하여, 타 종교의 자유도 인정했다. 그들은 "우리의 목적은 크리스천들과 다른 모든 사람들이 그들이 원하는 대로 예배할 수 있도록 허락하는 것이다. 따라서 이제 하늘에 있는 어떤 신이라도 우리에게 호의를 베풀 것이다"라고 포고했다.[78]

그 결과 기독교에 대한 박해는 종식되고, 기독교가 제국의 종교로 우뚝 서게 되었다. 기독교가 제국의 보호를 받게 되면서, 교회는 점차적으로 세속 권력과 결탁해나가기 시작했다. 예배를 위해 교회가 건축되고, 감독들은 국가로부터 급여뿐만 아니라 세금에 있어서도 다양한 혜택을 받게 되었다.

콘스탄틴은 321년, 농사를 짓는 특별한 경우를 제외하고 주일성수의 의무를 다할 것을 공포하여, 모든 사람들이 주일날 의무적으로 예배드리도록 했다. 교회는 재산이나 유산을 기부 받을 수 있었는데, 이로 말미암아 교회가 거대한 부를 축적할 수 있었다. 그리고 392년 데우도시우스 황제를 통해 기독교는 로마의 국교로 선포되면서, 완전히 제국의 종교로 자리매김했다. 기독교에 대한 모든 혹독한 탄압이 중지되고 국가로부터 다양한 혜택이 주어지자, 수많은 사람들이 기독교로 개종하고 기독교인 됨에 대한 자부심 또한 대단히 커졌다.

---

78) 티모시 존스 저, 배용준 역, 『하루 만에 꿰뚫는 기독교 역사』(서울: 규장, 2007), p.589.

그러나 교회가 국가로부터 인정받고 여러 가지 혜택을 받게 되면서, 교회는 본질로부터 멀어지기 시작했다. 그리고 권력의 비호 아래 점차 타락해가기 시작했다. 교회 내로 이교적 풍습이 물밀듯 들어오고 신비주의적 의식과 거짓된 경건이 판을 치면서, 현세적 부와 권력을 지향하는 인간적 탐욕이 교회를 지배하기 시작했다.[79] 교회의 부패가 시작되면서 성직 매매가 공공연하게 이루어지기 시작했고, 그것은 교회를 더욱더 부패의 늪으로 밀어 넣어버렸다. 교회의 부패와 타락을 보다 못한 수많은 사람들이 은둔하기 시작하면서 파코미우스, 바실리우스 등에 의해 공동체 수도원이 세워지기도 했다.

놀라운 기사를 보았다. '속성 목사양성 과정, 6개월이면 당신도 목사가 될 수 있습니다'라는 광고였다. 이 광고를 낸 당사자들이 어떤 자들인지는 몰라도, 아마 거짓 목사임에 틀림없을 것이다.

오늘날 자타가 인정하듯 목사 안수가 무분별하게 이루어지고 있다. 곳곳에 서 있는 무수한 신학교들, 이 신학교를 통해 배출되는 수많은 목사들. 물론 이들 모두가 잘못된 것은 아니다. 그러나 많은 수의 신학교들이 올바른 신학 교육이나 신앙 교육을 시키지 않고, 돈만 받고 안수하곤 한다. 심지어 자기 교회에 교회 신학교를 만들어, 그 신학교를 졸업하면 담임목사가 안수해 목사로 인정하는 곳도 있다.

필자가 알고 있는 모 목사는 신학교를 통해 많은 부를 축적하고 거짓으로 학생들을 지도해 거짓 목자들을 두려움 없이 배출한다.

---

79) 이상규, 이상규 교수가 쓴 『교회의 역사 강의안』, p.41.

이런 기이한 현상을 보면서, 과연 그가 정말 목자인지 의구심이 들곤 했다. 지금도 버젓이 신학교 간판을 걸고 이런저런 과를 만들어 학생들을 속이고 이들을 통해 치부하는 모습을 보면서, 목회자에 대한 회의가 들기도 한다.

종교의 자유가 있고 누구나 목사가 될 수 있다 보니, 조금의 사명의식만 느끼면 목사가 되려 한다. 기도원에서 기도 받다가 사명자란 말을 듣고 목사가 되겠다고 신학교에 뛰어드는 사람들이 한둘이 아니다. 하던 일들이 잘 안 풀리면 사명을 감당 못 해 그렇다는 이상한 말을 듣고 목사로 뛰어드는 자들도 많이 있다.

성경에 목사의 자질에 대한 권면이 있지만, 목사가 되기 위해 어떻게 해야 한다는 구체적 가르침은 없다. 그러다 보니 각 교단마다 목사를 양성하기 위해 교단 신학교를 운영하고, 그 신학교를 졸업하면 안수해서 목사로 세운다. 보통 신학교를 시작해 목사 안수를 받기까지 약 10여 년의 시간이 소요된다. 그러나 이런 목사 양육 과정은 성경의 원칙이 아니기 때문에 때론 다양한 부작용을 가져오기도 한다. 성경에 없다 보니 이 연수를 제대로 지키지 않고, 어떤 경우에는 1, 2년 안에 목사 안수를 받기도 한다. 심지어 돈을 주고 급히 안수를 받는 경우도 허다하다.

목사라는 성직은 너무 거룩한 성직인데, 오늘날 목사라는 성직은 사람들의 입에 오르내리는 조롱거리로 전락해 있다. 목사가 성직이 아니라, 조그마한 중소기업 사장이나 대기업 회장으로 빗대어지고 있다. 심지어 목사는 성도들에게 종교적 사기를 치는 자로 심심찮게 사람들의 입에 오르내린다. 목사를 먹사라고 비아냥거린다. 목사를 해서는, 목사가 되어서는 안 될 사람들이 오늘날 하나님의 강단을 점령하고 성도들을 미혹하고 있다.

살인자도 은혜 받고 목사가 될 수 있고, 남의 돈 빌려 갚지 않는 사기꾼도 은혜 받고 목사가 될 수 있고, 도적놈도 은혜 받고 목사가 될 수 있다. 가정과 아내를 버린 사람도 은혜 받고 목사가 될 수 있고, 마약하던 사람도 은혜 받고 목사가 될 수 있고, 사회 내 각종 범죄를 저질러 감옥 갔다 온 사람도 은혜 받고 목사가 될 수 있다. 돈 좀 주고 은혜로 목사가 될 수 있고, 다양한 사회적 물의를 빚어 신문지상에 오르내린 사람들이 큰소리치며 목회를 한다. 정말 은혜로운 종교가 기독교임에는 틀림없다. 사회에서는 일체 통하지 않는 것들이 기독교에서는 모두 통한다.

공직사회에서 공무원이 그 품위를 상실하거나 사회적 물의를 일으키면 바로 징계가 주어지고 그 정도에 따라 파면된다. 파면된 자는 이후에 다시 공직 생활을 하기란 하늘의 별 따기이다. 이게 사회법이다. 그런데 하나님의 종이라 부르는 우리 목사 세계는 그렇지 않은 것 같다. 모든 것이 은혜와 용서로 무사통과되니 말이다.

신사도적 거짓 복음을 전하는 거짓 목사들도 많이 있지만, 목사직에 대한 아무런 사명도 없이 적당하게 목사 안수 받은 거짓 목사도 많이 있다.

목사에 대한 실제적 검증 장치가 없다 보니, 어디서 어떻게 공부해 목사가 되었는지 알 수도 없고, 대충 적당히 신학교를 들러대면서 목사라 하면 우리 성도들은 다 목사인 줄 안다. 많은 신학교들이 돈만 주면 만사 OK, 목사 안수를 막 뿌려댄다. 슬픈 현실이다. 왜 기독교가 이렇게 되었는지. 현실이 이런데 어떻게 우리의 교회들이 무너지지 않겠는가.

올바로 신학을 하지 않고 목사가 되다 보니 성경을 바로 알기 어렵다. 성경을 바로 알지 못하다 보니 예언을 강조하고, 은사를 내세우고, 치유를 내세우고, 개인 간증만 내세운다. 교회가 성장한다고 하니 신사도적 비성경적인 여러 프로그램들을 막무가내로 받아들여 교회에 적용시켜서 성도들을 배도로 끌고 간다. 신사도적 운동의 적극적인 지지자들이 이런 종류의 사람들이 많다.

마지막 시대의 배도는 거짓 목사들에 의해 일어난다. 그리고 이들에 의해 교회는 점차적으로 무너질 것이다. 성경을 바로 알지 못하고, 복음에 대한 사명도 없고, 세속적 부와 영화를 탐하는 자들이 오늘날 교회의 목사로 자리 잡고 있으니, 어떻게 내일의 희망이 있겠는가.

7

마지막 시대의 배도

우리의 구원은 오직 믿음에 의해 이루어진다. 믿음에 의해 얻어진 구원은 일체의 모든 것들을 배제한다. 구원을 얻음에 있어 믿음 외에 다른 무엇이 들어간다면, 이는 그리스도의 구원은 완성이 아니라 미완성이 된다. 그리스도의 구원은 인간과 협동하여 이룬 구원이 되므로, 우리가 구원 받는 데 있어 특별한 은혜를 받을 필요가 전혀 없다. 그리스도가 이룬 구원이 온전한 구원이 되는 것이 아니라, 인간의 행동에 의해서도 움직이는 반쪽 혹은 일부분의 구원이 되는 것이다. 그리고 이런 온전치 못한 반쪽 구원을 가지고 우리가 생명을 바쳐 믿음을 지키거나 그 구원에 무조건 감사한다면, 그것은 잘못된 일이다. 아니, 그렇게 할 필요가 없다. 구원을 얻기 위해 최소한 내가 한 일이 있기 때문이다. 이것은 은혜도 아니고 선물도 아니다. 우리의 행위에 대한 보상일 뿐이다.

지금 우리들의 시대는 주님의 재림을 대망하는 시대다. 시대를 초월해 주님의 재림을 대망해야 하는 것이 성도의 올바른 신앙적 도리지만, 지금은 더욱더 그리해야 할 때라고 보인다. 성경에서 계시한 재림의 징조들이 퍼즐을 맞춰나가듯이 맞추어져가고 있고, 성경에서 계시한 다양한 재림의 징조들이 동시다발적으로 나타나고 있다.

필자는 이런 시대를 맞이하여, 현시대에 나타나는 배도로 인해 우리의 신앙에 심각한 충격을 미칠 몇 가지 내용을 살펴봄으로써 배도에 대해 경계하고자 한다. 바로 구원과 휴거, 그리고 짐승의 표인 666에 대한 내용이다.

구원에 대한 배도

사도행전 15장에 최초의 교회 회의가 나타난다. 이 회의의 중심 내용은 구원에 관련한 내용이다. 율법의 행위(행위 구원)로 구원을 얻게 되는가, 아니면 믿음(은혜 구원)으로 구원을 얻게 되는가에 대한 문제다. 이런 구원에 대한 논쟁은 초대교회 이후 중세를 거쳐 현재까지 성경적으로 해결하지 못한 채 싸우고 있는 아주 민감한 사안이다. 논쟁의 이유는 간단하다. 구원을 받음에 있어 행위가 필요한가, 아니면 필요없는가 하는 것이다.

성경에서는 구원에 대한 여러 가르침 중 행위를 통해 구원이 주어짐을 암시하는 내용이 있는 반면, 오직 믿음으로만 구원이 주어짐을 암시하는 내용들이 동시에 나온다. 그러다 보니 성경을 보는 사람의 관점에 따라 해석을 달리해 행위 중심의 구원을 강조하게 되고, 때론 믿음 중심의 구원을 강조하게 된다. 이 문제의 심각성은 서로에 대해 이단으로 몰아붙일 정도로 확대되어 있다.

성경 해석의 중요성은 영혼의 문제와 직결되는 아주 중요한 사안이다. 자칫 성경 해석을 잘못해 성도들을 잘못된 길로 인도한다면, 하나님 앞에서 그 잘못의 위중함은 말로 다 할 수 없을 것이다. 그렇기 때문에 성경은 아무나 선생이 되어선 안 된다[80]고 권면하는 것이다.

행위 구원을 주장하는 자들은, 구원은 오직 믿음으로만 주어진다는 자들에 대한 공격의 고삐를 늦추지 않고, 그들의 구원관에 심각한 문제가 있음을 지적한다. 그러면서 극단적 표현으로 구원을 받을 수 없다는 입장까지 취하기도 한다. 역으로 구원은 오직 믿음으로만 주어진다고 생각하는 자들은 행위 구원을 주장하는 자들을 이단으로 몰아세우면서, 오히려 그들의 구원 문제를 공격한다.

마지막 시대의 무서운 배도 중 하나가 구원에 대한 배도라는 것을 필자는 확신한다. 그러면서 잘못된 구원의 가르침으로 말미암아 혼란을 겪는 주의 백성들이 없었으면 하는 바람을 갖게 된다. 혹 성경적으로 잘못 이해해서 잘못된 구원관을 갖고 있었다면, 다시 한 번 더 생각해보기를 부탁드리고 싶다.

행위 구원을 지지하는 자들도 성경을 통해 행위 구원을 지지하고, 믿음으로 구원 받는다고 하는 자들 또한 성경을 통해 믿음 구원을 지지한다. 성경은 하나님의 말씀으로 우리 성도들의 모든 삶의 기준을 설정해주는 책이다. 성경을 통해 성도는 모든 신앙과 삶에 대한 가르침을 받고, 성경을 통해 구원에 대한 도리를 배우게 된다. 그렇기 때문에 성도는 성경을 떠나서는 결코 살 수 없는 사

---

80) 내 형제들아 너희는 선생 된 우리가 더 큰 심판 받을 줄을 알고 많이 선생이 되지 말라 (약 3:11)

람들이다.

구원에 대한 이중적인 가르침(사실은 이중적 가르침이 아니다)으로 인해 결국 행위 구원과 믿음 구원으로 나뉘었고, 오늘날까지 이 문제로 말미암아 혼돈을 겪는 성도들이 부지기수다. 그러다 보니 이 문제는 소홀히 취급할 수 없는 사안이다.

오늘날 우리 교회와 성도의 부패는 참혹하다 할 정도로 심각하다. 그것은 기독교에 대한 세인들의 신뢰도에 있어서도 잘 나타난다. 그러다 보니 기독교 지도자들은 이구동성으로 이 문제를 거론하며 회개를 촉구하고, 성도의 신앙적 행위를 강조하고 있다. 그럼에도 불구하고 교회나 성도가 변화되는 모습들이 보이지 않는 것도 사실이다.

특히 환난 전 휴거를 주장하는 대부분의 사람들은 행위를 아주 강조해, 하나님 앞에서 잘못 살면 휴거되지 못하고 환난에 들어가 무서운 환난을 받게 된다고 말한다. 그럼으로써 행위에 대해 무섭게 강조하는 것이다.

먼저 알아야 할 것은, 성경은 사람들의 구원에 대해 단 한 번도 이중적 구원을 이야기한 적이 없고, 또 그렇게 기록되어 있지 않다는 것이다. 때론 우리가 혼동할 정도로 구원에 대해 이중적으로 보이는 구절들이 있긴 하지만, 그 문제는 성경을 잘못 해석한 우리의 책임이지, 성경 곧 하나님의 책임이 아니다. 하나님께서는 성경을 통해 인류를 구원하기 위한 자신의 방법을 변함없이, 그리고 분명히 말씀하고 있기 때문이다.

성경은 인간의 사상이나 가치관, 그리고 철학이나 자신의 삶을 통해 경험한 일들을 성경과 적용시켜 해석하려고 해선 안 된다. 때론 그럴 필요도 있겠지만, 전혀 그렇지 않은 부분들이 더 많기 때문이다.

성경은 인간의 관점에서 해석을 시도해선 안 되고, 하나님의 관점에서 해석을 시도해야 한다. 하나님의 관점에서 성경을 보아야, 하나님의 뜻과 마음을 알 수 있다. 인간의 얄팍한 지식이나 철학, 가치관을 갖고 성경을 인간적 관점에서 해석하려 하다 보면, 인간의 말이 나오고, 인간의 생각이 나오며, 인간의 삶에 성경을 짜맞추려는 시도를 하게 된다. 이렇게 해서 나온 복음이 신복음이라는 무서운 배도적 복음이다.

성경은 하나님의 생각으로 가득 찬 말씀이며, 하나님의 뜻을 보여주는 책이다. 그렇기 때문에 성경에는 서로 상충되는 듯한 내용들이 있지만, 이는 서로 상충되는 것이 아니라, 우리의 사고나 지식, 삶의 철학에 맞춰 잘못 해석해서 그렇게 된 것이다.

하나님께서는 인류를 구원하시고자 하신 자신의 뜻을 단 한 번도 바꾸신 적이 없고, 지금도 그렇다. 그렇기 때문에 성경은 구원에 대해 과거나 현재까지 동일하게 말씀하고 있다. 지금도 인간에 대한 하나님의 구원 방법은 그대로 진행되고 있다.

구원에 있어 인간이 할 수 있는 일이라곤 일체 없다는 것이 성경의 가르침이다. 즉 성경은 행위 구원을 지지하지 않는다. 구원은 오직 믿음에 의해서만 주어지는 하나님의 선물임을 분명히 한다.

인류 구원에 대한 최초의 기록은 창세기 3장 15절에 나타난다. 이를 우리는 원시복음이라 부른다. 여인의 후손을 통해 메시야를 주시고, 이 메시야를 믿는 자들에게는 구원이 주어질 것이라는 내용이다.

아담과 하와가 하나님의 말씀을 어기고 사탄의 말을 들음으로써 죄가 이 땅에 들어오고, 죄로 말미암아 영·육간의 사망이 찾아오게 된다. 영의 사망은 하나님과의 분리이며, 육의 사망은 영과 육의 분리이다.

하나님의 말씀을 어긴 아담과 하와는 무화과 나뭇잎으로 자신의 치부를 가리고 숨게 된다. 그러나 하나님은 이들을 찾아와 그 치부를 짐승의 가죽으로 가려주시고 낙원에서 추방한다. 짐승의 가죽으로 이들의 치부를 가려주지 않고 추방할 수 있음에도 불구하고, 하나님은 짐승의 가죽으로 이들의 치부를 가려주신 뒤 낙원에서 추방했다.

아주 간단한 내용이지만, 여기엔 인류를 구원하고자 하시는 하나님의 놀라운 뜻과 인간에 대한 하나님의 구원 방법이 계시되어 있다.

범죄한 인간에게 먼저 찾아오신 분은 하나님이시다. 이들에게 메시야를 약속하신 분도 하나님이시다. 무화과 나뭇잎을 대신해 짐승의 가죽으로 이들의 치부를 가려주신 분도 하나님이시다. 여기서 우리가 발견할 수 있는 것은 인간이 한 일은 아무것도 없다는 사실이다.

성경의 이런 기록은, 구원이란 인간 편에서 이루어지는 것이 아니라 절대적으로 하나님 편에서 이루어진다는 것과, 구원을 위해선 인간이 할 일이 아무것도 없다는 하나님의 구원 방법을 알려주는 것이다. 단지 메시야를 보내겠다고 약속하신 하나님의 말씀을 믿음으로 받아들이기만 하면 된다는 사실을 보여준다.

이 내용과 구원이 무슨 관련 있느냐고 혹 물어온다면, 성경을 자세히 읽어보라고 권하고 싶다. 구원은 인간의 죄와 더불어 바로 찾아온 하나님의 선물이다. 아담과 하와가 범죄하여 하나님과의 분리가 왔을 때, 하나님은 즉시 그 분리를 막아주셨다. 그것이 바로 구원이다. 위의 내용을 조금 더 생각해보자.

무화과 나뭇잎으로 자신의 치부를 가리고자 한 것은, 죄의 눈이 밝아져 보게 된 자신의 죄를 자신의 힘으로 가려보고자 하는 마음에서이다. 그러나 하나님은 그대로 두어도 될 텐데, 굳이 양을 잡아 양의 가죽을 그들에게 입혀주셔서 그들의 치부를 가리게 했다.

이 양은 우리의 죄를 가려줄 메시야를 암시한다. 양의 가죽옷이 만들어질 때, 이 양은 피를 흘리며 죽임당했다. 메시야의 피와 죽음을 암시하는 중요한 교훈이다. 성경은 피 흘림이 없이는 사함이 없다[81]고 단언한다.

여기엔 피 흘린 어린양이 대신하여 인간의 죄를 용서하신다는 하나님의 의중이 담겨 있다. 이 어린양은 훗날 인류의 모든 죄를 대신해 죽을 그리스도를 예표하는 중요한 사건이다. 하나님의 구원 계획과 방법이 담겨 있는 것이다.

인간이 무화과 나뭇잎을 만들어 죄의 치부를 가리고자 한 것은, 인간 스스로 죄를 씻어보고자 노력하는 인간의 행위적 모습을 보여준다. 그러나 하나님은 이를 허용하지 않으시고, 인간의 노력을 일체 배제하고 자신의 방법대로 구원을 이루어가셨다.

가인과 아벨의 제사를 보자. 가인은 농사꾼이고, 아벨은 양을 치는 목동이었다. 이들이 성장해 독자적으로 제사할 때가 되어 하나님께 제사를 하게 되는데, 이때 가인은 자신이 농사꾼이기 때문에 땅의 소산으로 제물을 삼아 제사를 드리고, 아벨은 양을 치는 자였기 때문에 양의 첫 새끼와 그 기름으로 제사를 드렸다. 그런데 하나님께서는 가인의 제사는 받지 않고, 아벨의 제사만 받으셨다.

---

81) 율법을 좇아 거의 모든 물건이 피로써 정결케 되나니 피 흘림이 없은즉 사함이 없느니라 (히 9:22)

대부분의 성도들이 이 내용을 읽으면서 의문을 가진다. 왜 하나님께서 가인의 제사는 받지 않고 아벨의 제사만 받으셨는지. 그러다 보니 별별 주석이 다 나왔다. 가인의 제사는 정성이 없는 제사이고, 아벨의 제사는 정성이 있는 제사였다느니, 가인은 좀 좋지 않은 제물을 드렸고, 아벨은 좋은 제물을 드렸다느니, 가인은 제사를 드리기 싫었는데 억지로 드리고, 아벨은 기쁜 마음으로 제사를 드렸다느니 하는 것들이다.

성경은 하나님께서 가인의 제사를 받지 않으신 것에 대해 창세기 4장 7절과 히브리서 11장 4절에서 간단히 언급하고 있다. 창세기 4장 7절에서는 가인의 제사가 선한 제사가 아니었음을 증명하고 있고, 히브리서 11장 4절에는 이 선하지 않은 행위는 그의 제물이 증명함을 말하고 있다. 이 두 구절에서 우리가 알 수 있는 사실은, 가인의 제사는 선한 제사, 즉 의로운 제사가 아니었음이 분명하고, 그것은 그의 제물을 통해 증명되고 있다는 것이다.

제사에 있어 제물이 문제가 되어 하나님이 가인의 제사를 받지 않으셨다는 것이고, 제물에 문제가 있었던 가인의 제사는 의롭지 못한 제사가 된 것이다. 제물에 있어서는 제물의 질이 문제가 아니라, 제물의 종류가 문제된 것이다. 물론 질도 좋아야 하겠지만, 우선은 제물의 종류에 있어 가인은 하나님 앞에 실격이 된 것이다.

가인과 아벨은 하나님의 제사 원리를 부모님을 통해 잘 알고 있었다. 하나님이 받으시는 제사는 반드시 짐승을 잡아 그 피를 내야 한다는 사실이다. 그 내용은 창세기 4장 3절에서 해답을 찾을 수 있다. 창세기 4장 3절의 "세월이 지난 후에"라는 말은 "때가 되매"라는 말로도 번역이 가능하다. 때가 되었다는 것은, 이제 가인과 아벨 스스로가 하나님 앞에 제사할 때가 되었다는 것이다. 스스로 제사할 때가 되었다는 것은, 가인과 아벨 모두 하나님의 제사 원리를 알고 있었다는 사실을 뒷받침하고 있다.

가인이 아무리 좋은 농산물로 하나님 앞에 제사를 드렸다 하더라도, 하나님께서는 가인의 제사를 받지 않으셨다. 이는 하나님이 원하시는 제사가 아니기 때문이다.

가인이 농산물을 드려 제사한 것은 단순히 제사에만 국한된 사건이 아니다. 가인이 농산물로 제사를 드린 것은 자신의 생각이나 행위로 하나님께 나아가고자 한 것이다. 이는 하나님께 나아가는 방법을 무시하고 자신의 노력으로 하나님께 갈 수 있다는 인간적 사고에서 나온 인간의 행위적 방법이다.

가인이 하나님의 제사 방법을 무시하고 자신의 행위를 중심으로 제사를 드린 것은 하나님의 구원 방법을 무시하는 행위이며, 더 나아가 하나님의 구원 그 자체를 믿지 않았기 때문이다. 이렇게 인간 중심의 행위에 의한 제사를 하나님께서는 받으실 수 없다. 만약 그렇게 되면 하나님께서 작정하신 구원의 모든 원리가 무너지기 때문이다.

하나님께서 아벨의 제사를 받으신 것은 아벨이 하나님의 약속의 말씀을 믿고 하나님의 방법대로 제사를 드렸기 때문이다. 이는 은혜로 구원하고자 하시는 하나님의 뜻을 그대로 받들었기 때문이다. 범죄한 인간에게 구원은 절대적으로 하나님의 은혜이며, 인간의 생각이나 방법이 들어가서는 안 된다는 하나님의 의도를 잘 알고 아벨은 하나님께 제사를 드린 것이다. 이런 사실을 그 제물이 증명하고 있는 것이다.

아담과 하와의 사건, 이어지는 가인과 아벨의 사건, 그리고 다루지는 않았지만 곧이어 나타나는 노아홍수의 사건 등, 이 모두는 범죄한 인간을 구원하고자 하시는 하나님의 구원 원리와 방법을 계시하는 아주 중요한 사건들이다. 여기에 제시된 하나님의 인간에 대한 구원의 원리와 방법은 현재까지도 변함없이 이어져오고 있다.

구원은 인간 편에서 시작된 것이 아니라 하나님 편에서 시작된 것으로, 전적으로 하나님의 주권 하에 있는 것이다. 이런 구원은 인간의 방법을 완전히 배제한다. 범죄한 인간은 구원을 얻을 수 있는 그 어떤 방법도 자격도 갖고 있지 못하다. 인간의 모든 행위도 마찬가지다.

구원에 있어서 인간이 할 일은 전혀 없다. 하나님은 인간과 협력하여 구원을 만드신 것이 아니다. 하나님이 계획하셨고, 그 계획하신 뜻대로 진행하실 뿐이다. 하나님께서는 범죄한 인간들을 위해 아무 대가 없이 은혜로 구원을 주셨다.

구약의 내용들을 토대로 하나님의 구원의 원리를 간단히 살펴보았다. 그런데 이 원리는 구약 전체에서뿐만 아니라 구약 시대 이후 신약 시대까지 변함없이 이어져오고 있다.

구원의 완성이신 그리스도를 통해 구원이 이루어졌으며, 누구든지 예수 그리스도를 믿으면 그는 하나님의 은혜로 구원을 얻게 된다. 이런 은혜의 구원은 오직 믿음에 의해 주어진다. 예수 그리스도를 믿는 자는 누구든지 하나님의 자녀가 될 수 있다.

그리스도인들에게 있어 행위는 중요하지만, 이 행위가 구원을 이룰 수 있는 그 어떤 조건이 되어서는 안 된다. 십자가의 공로는 100%로 완성된 것이지, 99.9%가 아니다. 만약 구원에 있어 인간의 행위가 0.1%만 들어가도, 그리스도의 십자가 구원 사역은 완성될 수 없다. 미미하지만 인간 편에서의 도움도 들어갔기 때문이다.

그런데 성경을 읽다 보면, 행위를 강조하면서 행위에 문제가 있으면 구원을 받을 수 없다는 인상을 주는 듯한 말씀들이 많이 나오는 것은 사실이다. 또한 구원을 받은 자라 할지라도 신앙적 행위에 있어 문제가 있다면, 잘못된 행위로 말미암아 구원을 상실할 수도 있음을 암시하는 듯한 표현들도 많이 있음은 부인할 수 없는 사실이다.

그러나 만약 행위를 강조하는 성경 내용을 보면서 행위 구원의 정당성을 주장하고, 이 주장이 성경의 가르침이라고 이해했다면, 그는 100% 성경을 잘못 이해하거나 해석한 것이고, 하나님의 구원 원리와 방법에 정면 도전하는 사람이 된다.

성경에 나타나는 모든 행위 강조의 내용은 구원받은 백성들에 있어 행위의 중요성을 역설한 것이지, 행위에 의해 구원이 결정됨을 이야기하는 것이 아니다. 그런 부분은 단 한 곳도 없다. 행위에 따른 구원의 상실을 말하는 듯한 내용도 구원 얻은 백성들에게 해당되는 말씀은 일체 없으며, 모두 거짓 선지나나 거짓 선생과 같은 가만히 들어온 이단들에게 하는 말씀들이다.

필자가 이렇게 이야기하면 행위 구원을 주장하는 사람들은 당연히 반감을 갖게 될 것이다. 그리고 나름 행위를 강조하는 여러 성경구절들을 들이대면서, 그에 대한 합당한 설명을 성경적으로 해줄 것을 요청할 것이다. 지면을 통해 모두 다 설명하긴 어려우나, 행위 구원을 강조하는 말씀을 읽을 때 다음을 주의해서 읽어보라. 그러면 원의미들을 이해하는 데 많은 도움들을 줄 것이다.

1. 행위를 강조하는 저자들의 의도를 파악하라. 왜 행위를 강조할 수 밖에 없었는지, 왜 이런 말을 해야 하는지를 살펴보라.

2. 그리고 행위를 강조하는 성경의 앞뒤 문맥을 철저히 살펴야 한다. 문맥을 잘 살피게 되면 누구에게, 왜 이런 말씀을 하는지를 알게 될 것이다.

3. 행위를 강조해 말하는 저자의 배경과 당시의 시대적 배경, 그리고 이런 말을 받는 사람이나 교회의 배경들에 대해 연구해보라. 그러면 행위를 강조할 수밖에 없었던 배경들을 찾을 수 있을 것이다.

4. 필요하다면 중요한 단어의 원어적 의미도 살펴볼 필요가 있다. 예를 들면 히브리서 6장 6절의 '타락'이란 단어이다. 이 단어는 배반, 변절, 배도로 번역하는 것이 더 나은 표현이다.

5. 행위를 강조하는 내용들을 좀 더 분명히 이해하려면, 반드시 헬라의 철학과 영지주의 이단의 특징, 이들의 구원관을 이해해야 한다. 이들의 영향에 의해 잘못된 구원관을 가진 자들이 교회에 들어와 거짓 선생이나 거짓 선지자들이 되어 교회를 많이 어지럽혔기 때문이다.

6. 그리고 가장 중요한 것은, 성경 전체에서 가르치는 하나님의 구원에 대한 원리나 방법을 이해해야 한다.

행위 구원을 강조하는 자들이 즐겨 사용하는 마태복음 7장 21절을 간단히 살펴보도록 하자.

  - 나더러 주여 주여 하는 자마다 천국에 다 들어갈 것이 아니요 다만 하늘에 계신 내 아버지의 뜻대로 행하는 자라야 들어가리라. -

이 한 구절만 보면 구원은 절대적으로 행위 구원임을 지지하는 말씀이다. 주님만 부른다고 해서, 즉 주님을 믿는 믿음만 갖고 천국에 들어갈 수 있는 것이 아니라, 하늘에 계신 내 아버지, 하나님의 뜻대로 행해야만 천국에 들어갈 수 있다고 주님이 분명히 말씀하셨기 때문이다.

다시 강조하건대, 성경 해석은 절대적으로 한 구절만 보아서는 올바른 해석을 할 수 없다. 앞에서 밝혔지만 성경 해석, 특히 구원에 연결된 해석은 왜 이런 말씀을 하게 되었는지, 무엇 때문에 이런 말씀을 하셨는지, 그리고 이 말씀을 받는 대상자들이 누구인지, 당시의 개인 혹은 시대적 상황은 어떠했는지, 앞뒤 문맥은 어떠한지를 종합적으로 판단해 해석해야 한다.

예수님의 공생애 사역을 크게 나누면, 초기와 중기 그리고 후기로 나눌 수 있다. 전부 그런 것은 아니지만, 예수님은 초기 사역 때 율법과 복음을 교차해 설명하면서 율법적인 면을 강하게 이야기하시는 듯하면서도, 율법으로는 하나님의 나라에 갈 수 없고 복음인 자신을 믿어야만 하늘나라에 갈 수 있다는 사실을 간접적으로 설명하신다. 그러다 중기, 후기에 가면 갈수록 자신을 더욱더 분명하게 나타내면서, 자신이 아니면 절대 하나님의 나라에 갈 수 없다는 사실을 확증해 말씀하시고, 자신이 바로 하나님이 보내신 자이며 하나님의 나라에 갈 수 있는 유일한 길임을 분명히 하고 있다. 요한복음은 예수님의 후기 사역을 집중적으로 다룬 책이다. 그러다 보니 요한복음은 예수 그리스도의 하나님 되심, 그리고 자신을 통한 유일한 구원의 길 등을 확실하게 보여주신다. 그리고 초기 사역과는 달리 자신을 간접적으로 나타내지 않고 직접적으로 드러내어 말씀하시고 있다.

마태복음 7장 21절은 예수님의 초기 사역 때의 말씀이란 사실을 먼저 기억해야 한다.

마태복음 5장부터 7장을 우리는 산상보훈이라 하는데, 여기서 주님은 구약에서 제시하는 율법보다 더 강력한 율법적 내용을 제시하고 계신다. 구약의 율법은 겉으로 드러난 범죄 행위에 대해 정죄하지만, 주님의 산상보훈에서의 교훈은 겉으로 드러난 범죄 행위뿐만 아니라 마음으로 짓는 죄까지도 정죄하고 있다. 인간의 생각으로, 마음으로 짓는 모든 잘못된 생각까지도 죄라는 사실을 강하게 말하고 있는 것이다. 이 얼마나 무섭고 두려운 법인가. 하나님 앞에서 구원을 받기 위해서는 율법적으로 드러난 죄도 지어선 안 되지만, 마음이나 생각으로 짓는 죄까지도 하나님 앞에 용서받을 수 없고 심판의 대상이 된다는 사실을 입증하는 것이다. 인간은 그 어떠한 경우에도 결코 죄로부터 해방될 수 있는 존재가 아님을 말한다. 왜 이런 말씀을 주님이 하셨을까. 그것은 모든 율법을 온전케 하시는 자신을 통해서만 죄 문제를 해결할 수 있다는 사실을 간접적으로 말씀하신 것이다.

산상보훈은 예수님의 초기 사역이기 때문에 자신을 직접적으로 드러내어 말씀하지 않고, 자신이 하나님의 아들이며 자신을 통해서만 구원의 길이 있다는 사실을 간접적으로 알려주시고 있는 것이다. 산상보훈뿐만 아니라 예수님의 강화 대부분이 당시 기득 세력이었던 제사장, 율법학자, 서기관, 바리새인, 사두개인 들에 대한 외식적 신앙 행위에 대해 강력하게 책망하는 내용들이 주류를 이루고 있다. 산상보훈 역시 마찬가지다.

산상보훈의 내용들이 하나님의 백성들에게 주어지는 보편적 메시지라는 것은 틀림없는 사실이지만, 내용을 자세히 살펴보면 당시의 외식적 신앙으로 가득 찬 기득 세력에 대한 비판적 메시지가 상당히 많음을 알 수 있다. 예수님은 이런 자들을 거짓 선지자라고 하면서, 양의 옷을 입고 다가오지만 속은 노략질하는 이리[82]라고 말씀하실 정도로 강력히 경고하고 있다.

거짓 선지자는 구원을 받을 수 없고 천국에 들어갈 수 없는 자들이다.

마태복음 7장 21절은 이런 맥락에서 주님이 하신 말씀이다. 이 말씀은 바로 앞에 나오는 마태복음 7장 15절의 거짓 선지자들을 말하는 것이다. 이 거짓 선지자들은 주님을 믿지 않으면서 하나님이니 주님이니 하는 이름을 빌려 자신들의 세속적 욕망을 채워갔던 것이다. 이들은 처음부터 주님이 없고 하나님이 없는 자들이다. 그리고 예수 그리스도를 배척하는 일에 앞장선 자들이었다. 이런 자들을 향해 주님은 나더러 주여, 주여 하는 자마다 천국에 들어가는 것이 아니라, 하늘에 계신 내 아버지의 뜻대로 행해야 들어갈 수 있다고 말씀하신 것이다.

그리고 "하늘에 계신 내 아버지의 뜻대로 행하는 자"라고 할 때, 행한다는 의미를 사람의 노력이나 신앙적 행위로 오해하면 곤란하다. 물론 그 의미를 전적으로 무시할 순 없지만, 여기서 말하는 아버지의 뜻은 일차적으로 예수 그리스도를 받아들여야 한다는 의미이다. 예수 그리스도를 자신의 구주로 받아들이는 것이 일차적인 아버지의 뜻임을 말하는 것이다. 그리스도께서는 산상수훈 중에 자신을 간접적으로 나타내면서, 하나님의 나라에 가기 위해서는 제일

---

82) 거짓 선지자들을 삼가라 양의 옷을 입고 너희에게 나아오나 속에는 노략질하는 이리라 (마 7:15)

우선 자신을 믿어야 함을 암시하고, 이것이 하늘에 계신 아버지의 뜻임을 말씀하고 계신다.

요한복음 6장 36~39절에 보면, 예수님이 이 땅에 오신 것은 자신의 뜻을 행하려 내려온 것이 아니라, 자신을 보내신 이, 즉 하늘에 계신 아버지의 뜻을 행하려 오셨다고 하면서 하늘에 계신 아버지의 뜻을 다음과 같이 말하고 있다.

> 내가 하늘로서 내려온 것은 내 뜻을 행하려 함이 아니요, 나를 보내신
> 이의 뜻을 행하려 함이니라 나를 보내신 이의 뜻은 내게 주신 자 중에
> 내가 하나도 잃어버리지 아니하고 마지막 날에 다시 살리는 이것이니
> 라, 내 아버지의 뜻은 아들을 보고 믿는 자마다 영생을 얻는 이것이니
> 마지막 날에 이를 다시 살리리라 하시니라 (요 6:36~39)

하늘에 계신 아버지의 뜻은 아버지께서 주신 자 중 하나도 잃어버리지 않는 것과, 아들인 자신을 보고 믿는 자마다 영생을 얻는 것이라고 분명히 말씀하신다. 아버지의 뜻을 요한복음에서 확실하게 전달하고 있는 것이다.

마태복음 7장 21절에서 말하는 행위를 성도의 신앙적 삶과 연결시켜, 하나님 백성들의 신앙적 행위가 옳아야 한다고 가르치는 것이 전혀 잘못된 해석이라 볼 순 없지만, 이 구절을 행함을 통한 구원의 원리를 지지하는 구절로 사용한다면, 이는 전적으로 옳지 않은 해석이다.

이와 유사하게 행함을 강조한 다른 모든 구절들 또한 전후 문맥과 배경 등을 자세히 살펴보면, 모두 하나같이 행함 또는 행위를 통해 구원을 잃거나 얻는 일과는 전혀 상관없는 말씀임을 발견할 수 있다. 히브리서 6장 4~6절의 말씀 또한 마찬가지이다.

> 한번 비침을 얻고 하늘의 은사를 맛보고 성령에 참여한 바 되고 하나
> 님의 선한 말씀과 내세의 능력을 맛보고 타락한 자들은 다시 새롭게
> 하여 회개케 할 수 없나니 이는 자기가 하나님의 아들을 다시 십자가
> 에 못 박아 현저히 욕을 보임이라 (히 6:4~6)

누가 보아도 이 구절들을 보면, 비록 우리가 예수를 믿었다 하더라도 타락한 자들은 다시 새롭게 하여 회개케 할 수 없다 했으니, 성도가 믿음 생활 하다가 타락하면 다시 새롭게 할 수 없으므로 타락해선 안 된다는 말을 할 수 있다. 더 무서운 내용은 타락 후 회개가 전혀 안 된다는 사실이다.

우리는 이 본문을 볼 때 여기에 적힌 말씀 그대로 보면, 본 말씀 안에 모순이 있음을 발견할 수 있다. 성도가 타락하면 다시 새롭게 하여 회개케 할 수 없다면, 우리가 한 번 예수 믿으면 절대로 타락이 안 되거나 타락해선 안 될 것이다. 왜냐하면 일단 타락되면 회개가 안 된다고 했기 때문이다. 그런데 우리는 한 번이 아니라 수차례 타락했다가도 회개하고 돌아선다. 그렇지 않은가. 만약 위의 말씀대로 하면, 한 번만 타락해도 그는 구원을 받을 수 없다는 무서운 말이다. 이는 예수님이 가르치는 용서와는 완전히 대치되는

말씀이다. 좀 더 자세히 이 내용을 살펴보자.

성경을 우리는 전부 다 정확하게 잘 알 수는 없다. 아마 평생을 연구해도 이 문제는 해결되지 않을 것이다. 그러나 우리가 분명하고 바르게 알고 넘어가야 할 중요한 부분들은 소홀히 취급해서는 안 된다. 특히 구원에 관계된 부분에 있어서는 정말 신중히 처리해야 한다.

나는 이 본문에 대해 주석적 해석이나 교리적 해석 혹은 신학적 문제들을 점검하고 지적하고자 하는 것이 아니다. 또 그렇게 할 수도 없다. 단지 성경을 바로 알고 정확히 알게 하기 위해 이 글을 쓰는 것이다. 잘못된 성경 해석이나 약간의 번역 실수로 인해 본문 전달을 난해하게 함으로써 심각한 문제를 가져오는 일, 즉 배도상의 문제들이 충분히 발생할 수 있음을 고려할 때, 바른 성경 번역과 그에 따른 올바른 해석이 얼마나 중요한가를 말하고 싶은 것이다.

실로 이 본문은 구원에 있어 뇌관처럼 작용하는 본문임에 틀림없다. 구원은 절대적 하나님의 선물임을 주장하여, 한 번 구원받은 사람은 그 구원이 절대 보장됨을 믿고 있는 자들에게는 상당히 당혹스러운 말씀이 된다. 그리고 행위 구원을 주장하여, 구원이란 믿음도 있어야 하지만 그 믿음에 따른 당연한 행위가 있어야만 한다는 행위 구원을 주장하는 자들에게는 정말 좋은 본문이 될 수밖에 없다.

우선 여기서 우리가 살펴봐야 할 중요한 문제는 다음과 같을 것이다.

1. 히브리서 6장 4~6절에 나타난 사람들은 진정한 그리스도인이었는가?
2. 그렇다면 진정한 그리스도인들도 타락할 수 있는가?
3. 예수를 믿다가 타락한 이들은 구원을 받을 수 없는가?

4. 그렇다면 구원의 보장을 말하는 여러 구절과 상반되지 않는가?

일단 아무런 교리적 편견 없이 가벼운 마음으로 히브리서 본문에 나타난 내용들을 살펴보도록 하자.

우선 4, 5절에서 말씀하는 "한 번 빛을 받고 하늘의 은사를 맛보고 성령에 참여한 바 되고 하나님의 선한 말씀과 내세의 능력을 맛보고도 타락한 자들"이란 말씀에 나타나는 사람들은 분명 그리스도인들을 말한다. 그리고 이는 그리스도인들도 타락할 수 있다는 사실을 알려주며, 타락한 그리스도인들도 구원을 상실할 수 있음을 8절에서 암시하고 있다고 볼 수 있다. 이렇게 보는 것이 별 무리 없는 해석인 것처럼 보인다.

그러나 우리는 이 문제를 다루기에 앞서 히브리서 저자가 이 본문을 기록한 목적을 자세히 살펴보아야 한다. 그러면 이 본문은 타락한 그리스도인의 구원 상실에 대해 말씀하기 위해 기록한 것이 아님을 알게 된다.

히브리서 저자는 이 본문을 성도가 타락해선 안 된다는 데 대한 경고의 메시지로 준 것이지, 성도의 구원 상실에 대해 설명하려고 한 말이 아니다. 그 이유는 9절 "사랑하는 자들아 우리가 이같이 말하기는 하나 이보다 더 좋은 것 곧 구원에 속한 것이 있음을 확신하노라"라는 말씀 속에서 그 이유를 발견할 수 있고, 7장 25절[83]

---

83) 그러므로 자기를 힘입어 하나님께 나아가는 자들을 온전히 구원하실 수 있으니 이는 그가 항상 살아서 저희를 위하여 간구하심이니라 (히 7:25)

에서도 증명된다.

그리고 또 다른 이유 중 하나는, 성도의 신앙적 성숙을 촉구할 목적으로 본 내용을 기록한 것이다. 본 구절이 나오는 히브리서 6장 1~3절 사이에서 이 사실을 증명하고, 10~12절 사이에서도 다시 강조해 나타난다.

1~3절에서는 초보의 도, 죽은 행실을 회개함, 하나님께 대한 신앙, 즉 세례들, 안수와 죽은 자의 부활, 영원한 심판에 관한 교훈의 터를 다시 닦지 말고 교리적으로 신앙의 성숙으로 나아가라는 것인데, 이렇게 말씀하게 된 이유는 5장 11절에서 그 근거를 찾을 수 있겠다. 5장 11절 말씀 중 때가 오래되었다고 했는데, 이는 신앙생활을 한 지 오래되었다는 것이다. 신앙생활을 한 지 오래되었음에도 불구하고 여전히 초보 상태에 머물러 있는 자들을 향해 좀 앞서 나아가고 자라야 한다는 사실을 말씀한 것이다.

그리고 6장 10~12절은 성숙한 행위로 성도다운 삶을 살면서 성숙된 성도들, 즉 믿음과 오래 참음으로 약속들을 기업으로 받는 자들을 본받아, 삶에서 성도다운 삶으로 인내하며 자라가라는 의미로, 역시 신앙의 성숙을 촉구하는 말씀이다.

마지막으로, 이 본문의 가르침은 그리스도인들의 타락, 즉 구원을 상실할 수 있다는 사실을 전제로 하여 기록한 것이 아니라는 것이다. 그 사실은 6장 5절과 6절 사이에 빠져 있는 '만약'이라는 단어에서 발견할 수 있다. 우리 성경은 5절과 6절 사이에 '만약'이라는 단어가 빠져 있는데, 원어에는 5절과 6절 사이에 '만약'이라는 단어가 들어 있다. 그렇기 때문에 5절 마지막 부분과 6절의 첫 구절을 정확히 번역하면, '…맛보고도 "만약" 타락한다면…'이라는 의미이다.

'만약'이라는 단어는 가정을 뜻하는 단어로, '그럴 수 있다'는 사실을 말하는 것이다. 이는 그리스도인들도 타락할 수 있다는 가정을 이야기한 것이지, 그리스도인이 타락하면 반드시 구원을 상실한다는 의미로 말한 것이 아니다. 이는 9절의 내용에서 좀 더 자세히 알 수 있다. 9절에 보면 "사랑하는 자들아 우리가 이같이 말하나 너희에게는 이보다 나은 것과 구원에 가까운 것을 확신하노라"에서 히브리서 저자는 "우리가 이같이 말하기는 하나 더 낫고 구원에 가까운 것을 확신한다"라는 어조로 분명히 말하고 있는 것을 볼 수 있다. 이 말씀은 비록 저자가 성도의 타락에 대해 앞에서와 같이 말하긴 했지만, 성도의 타락을 전제로 한 것이 아니라는 사실을 분명히 알 수 있다.

그러나 4~6절에 나타나는 본문상의 내용만을 본다면, 비록 그리스도인들이라도 구원을 상실할 수 있는 타락까지 갈 수 있다는 사실을 시사하고 있는 것은 분명한 것 같다. 우리가 애써 아니라고 아무리 부인하려 해도 본문이 용납하지 않는다. 그래서 추측에 근거한 다양한 해석이 많이 나왔다.

1. 본문(4, 5절)에 나타난 그리스도인들은 참된 그리스도인들이 아니다. 겉으로 믿는 척하는 자일 뿐이라는 견해.
2. 어느 정도의 감동은 받았으나, 즉 구원에 대한 도리는 알았으나, 진정으로 그리스도를 영접하지 않았다는 견해. 즉 구원의 맛만 보았다는 견해(말씀도 듣고, 세례도 받고, 성령의 능력을 맛보기도 하고…, 그러나 이런 것들이 구원의 조건은 아니다.)

3. 그리고 진실된 그리스도인으로 있다가 자유의지에 의해 타락했다는 견해. 구원받은 성도도 구원을 상실할 수 있다는 것.

이런 견해들로 나뉜다. 우리는 여기서 1, 2번의 견해를 따르긴 곤란하다. 왜냐하면 4, 5절의 말씀에 비추어볼 때, 이들이 거짓 성도라고 보기는 어렵기 때문이다. 거짓 성도가 하늘의 은사를 맛보고, 성령에 참여한 바 되고, 하나님의 선한 말씀과 내세의 능력을 맛보기는 곤란하며, 본 내용을 기록한 저자도 거짓 성도를 지칭하여 기록했다고 보기는 어렵기 때문이다. 그렇다고 3번의 견해가 전적으로 옳다고 하면, 자칫 인간의 행위로 구원을 얻거나 잃을 수 있다는 행위주의적 구원을 지지하는 것으로 보일 수 있다.

그렇다면 이 본문이 말하는 주요 의미는 과연 무엇이며 어떤 내용으로 받아들여야 할 것인가?

여기서 핵심 단어는 '타락'이라는 단어다. 타락은 과연 무슨 타락을 말하고 있는지 그 숙제를 풀어야 한다. 타락이란 있는 위치에서 떨어진다는 의미를 갖는 단어로, '떨어져 나가다', '배반하다', '배도하다'란 의미로 사용된다. 그리고 여기서 말하는 타락은 육적, 행위적 타락을 강조하는 것이 아니라, 근본적 타락인 영적 타락, 즉 교리적 이탈, 말씀으로부터의 이탈을 강조하는 타락으로 보아야 한다. 그것은 앞에 나온 1~3절의 내용이 증명하고 있다. 그렇기 때문에 6절에서의 타락이란 복음으로부터의 이탈, 즉 예수님의 원 가르침으로부터 이탈하고 다른 복음을 받아들여 그것을 수용하는 자들을 말한다. 즉 배교자들을 의미하는 것이다. 배교자들은 원 말씀

(복음)의 가르침을 버리고, 거짓 복음을 주창하거나 거짓 사상에 미혹되어, 완전히 그리스도의 도를 떠나 거짓 교리를 추종하고 따르는 무리들이다(갈 1:6).

이런 자들은 그리스도의 가르침이 근본적으로 잘못되었다고 믿어버리기 때문에, 다시 회개시킬 수도 없고 회개할 필요성도 느끼지 못하게 된다. 이들의 이런 행위는 구원받을 수 없는 행동으로, 그리스도를 다시 십자가에 못 박는 행동을 의미한다(히 6:6). 병행 구절로 히브리서 10장 26~29절, 베드로전서 2장 20~22절에 나타나는 말씀과도 연결시킬 수 있다.

이런 타락을 영적 타락이라 한다. 영적 타락은 마음으로부터 그리스도를 부인하고 그리스도로부터 완전히 돌아서는, 그리고 그리스도를 대적하는 자세를 말한다. 이는 육적 행위의 타락과는 전혀 다른 성질이다.

본문에서의 타락이란 인간의 나약함으로 나타난 행동의 타락이 아니라, 마음으로부터 완전히 그리스도에게서 돌아서는 형태를 말하는데, 우리는 이를 배교 혹은 배도라고 한다. 이런 자들은 구원받을 수 없음을 4~8절 사이에서 말하고 있다. 그러나 히브리서 저자는 이 사실을 강조하기 위해 이 본문을 쓴 것이 아니라, 성도의 신앙적 성숙, 그리고 성도는 타락의 길, 즉 배교의 길로 가면 안 된다는 사실을 강조하기 위해 쓴 것이다.

자신이 하나님의 자녀라는 증거는 성경 자체가 직접 증명하지만, 다음과 같은 현상이 공통적으로 나타난다.

우선 복음이 믿어진다. 복음이란 하나님의 사랑으로 예수 그리스도를 이 땅에 보내주시고, 예수 그리스도가 나의 모든 죄를 위해 십자가 위에서 죽으시고, 부활하시고, 승천하셨으며, 다시 재림하실

분이라는 사실이다. 이 사실이 믿어지는 것이다. 그리고 내가 죄인이며, 예수님이 아니면 나의 죄를 해결할 수 없다는 사실이 믿어진다. 비록 죄 가운데 살고 있지만, 자신의 죄에 대해 힘들어하고 회개하게 된다. 늘 하나님 앞에서 믿음으로 살게 해달라는 마음의 소원을 갖고 있으며, 육의 나약함으로 인해 타락의 길로 나아갈 수 있지만, 그 영은 늘 하나님을 갈구하고 있다는 사실을 발견하게 된다.

그런데 배교자들에게는 이런 일이 거부되고, 이런 사실이 믿어지지 않게 되는 것이다. 고대 영지주의적 사고를 가진 자들이나 현대의 뉴에이지적 사고를 갖고 있는 자들에게서도 이런 현상들이 발견된다.

히브리서 6장 6절에서 말하는 타락이란 배교자들을 의미하는바, 이들은 처음에는 복음을 받아들여 다양한 은혜를 체험했으나 복음을 거부하고 돌아서는 자이다. 이는 다른 복음을 따르고 받아들였기 때문으로 보인다. 이렇게 다른 복음을 받아들임으로 말미암아, 처음 자신들이 받은 복음이 잘못되었다고 여긴다. 그러니 사도들의 가르침이 틀렸으며, 사도들의 가르침이 틀렸으니 사도들의 가르침을 따를 수 없고, 진짜 복음은 내가 새로 찾은 이 복음이라며, 원복음을 배척하고 다른 복음을 따르는 이단적 사상을 갖게 되는 것이다. 그럼으로써 성경의 근본적 가르침을 거역하고 도전하며, 반항하고 파괴하는 행위로 나타나게 되는 것이다. 이들은 거짓 선지자의 미혹에 미혹되었거나, 아니면 처음부터 거짓 선지자였을 수도 있다.

히브리서 6장 4절에서 6절까지의 내용만 보면, 그리스도인의 타락이 구원을 상실할 수 있는 육적 행동으로 이해할 만한 오해도 충분하다. 하지만 5장 12절의 문맥부터 자세히 읽어가다 보면, 6절에서의 타락한 자들은 배교자라는 것을 분명히 알 수 있다.

6절에 나타난 '타락한 자'의 원어적 의미는 떨어진 자, 거부한 자, 거역한 자, 배반한 자 등의 해석이 가능하다. 킹제임스 성경에서는 떨어진 자로 번역하고 있고, 공동번역에서는 배반한 자로 번역하고 있다.

> 한번 깨우침을 받고 하늘의 선물을 맛보며, 성령의 동참자가 되고 하나님의 선한 말씀과 오는 세상의 능력을 맛본 자들이 만약 떨어져 나간다면 다시 새롭게 하여 회개시킬 수 없나니, 이는 그들이 스스로 하나님의 아들을 다시 십자가에 못 박아 공개적으로 조롱함이라 (한글 킹제임스 성경)

> 한번 빛을 받아서 하늘의 선물이 주는 기쁨을 맛보고 성령을 나누어 받은 사람들이 또 하느님의 선한 말씀과 앞으로 올 세상의 권세의 맛을 본 사람들이 이제 배반하고 떨어져 나간다면 그것은 하느님의 아들을 다시 제 손으로 십자가에 못 박아 욕을 보이는 셈이니 그들에게는 다시 회개하고 새 사람이 될 가망이 없습니다 (공동번역)

우리 개역성경이나 개정성경에서 원어인 '파라핍토'를 '타락'으로 번역함으로 많은 오해를 불러일으킬 수 있는 여지를 가지게 한다. 우리에게 있어 타락이란 단어는 인간 행동의 타락으로 받아들이는 경우가 농후하기 때문이다. 그러나 본문의 타락은 그런 행동의 타락이라기보다 원 복음에서 떨어져 나간 변절자, 즉 육적 타락이 아니라 영적 타락을 의미하는 것으로 볼 수 있다. 원어인 헬라어 파라핍토의 번역을 타락으로 번역해도 틀린 것으로 볼 수는 없지만, 더 분명한 의미인 변절자나 배반자, 혹은 떨어져나간 자로 번역했다면, 이런 오해들을 미연에 차단할 수도 있었을 것이다.

이런 배도자는 새로이 회개케 할 수도 없고, 회개도 안 하며, 스스로도 회개할 필요가 없다고 느낀다. 앞에서 언급했듯이, 이런 자들은 지금까지 자기기 알던 원 복음이 잘못되었다고 스스로 확신하고, 내가 찾은 다른 복음이 원 복음이라고 굳게 확신한다. 그렇기 때문에 자신의 행동에 대해 전혀 회개할 수도 없고, 회개가 안 되고, 회개도 안 하는 것이다. 특히 영지주의 이단들은 회개에 대해 가르치지 않는다. 이미 구원받았기 때문에 굳이 회개할 필요가 없다고 그들은 가르친다. 그렇기 때문에 그들의 사상에 물들게 되면, 회개할 필요를 느끼지 못하게 된다. 그리고 회개하지 않는다. 다른 이단들도 역시 마찬가지다.

결국 본문의 타락자들은 가룟 유다와 같은 타락자들이라기보다, 근본적으로 예수를 믿어보기도 했고 은혜도 체험했지만, 복음(예수)을 버리고 떨어져나가 그리스도를 대적하는 배도자들이라고 보아야 한다. 뒤에 나오는 '회개케 할 수 없다'는 것은 이들에게 회개를 권유하거나 말하지 않는 것이 아니라, 회개를 받아들이지 않는다는 것이다. 이들 또한 자신들이 잘못된 것이 아니라고 하기 때문에 회개할 필요를 느끼지 못하는 것이다. 이단에 빠지면 복음을 거부할 뿐 아니라, 자연스레 육적 타락도 따라오게 되어 있다. 성령이 역사도 안 하고 거룩을 가르치지 않기 때문이다.

이상의 내용을 다시 한번 정리해보자. 본문을 기록한 히브리서 기자의 원 의도는,

1. 구원에 관한 이야기에 초점을 맞춘 것이 아니라
2. 성도의 신앙 성숙에 대해 이야기하면서
3. 복음을 다른 복음으로 바꾸어 원 복음을 거부하는 배교자들의 타락된 길로 가선 안 된다는 사실을 알려주고 있다.
4. 배교와 배교 후 행동의 타락은 모든 이단들의 공통된 사항이다.
5. 이런 배교자가 되지 않기 위해서는 신앙이 자라야 하며(말씀을 바로 배워야 한다), 장성한 분량에까지 나아가야 한다.

바로 이런 것을 주장하기 위해 이 본문을 기록한 것으로 보아야 한다(히브리서 6장 9~12절이 증명한다).

성경에서는 구원받을 수 없는 자들에 대해 두 가지로 말하고 있다. 하나는 예수 그리스도를 믿지 않는 자들이고, 다른 하나는 배도자, 즉 변절자들이다. 혹 배도자들도 일단 예수는 믿었던 사람들이 아니었는가에 대한 의문을 가질 수는 있다. 하지만 사실 이 배도자들이 진실로 복음을 믿고, 정말 하나님의 백성들이었는가에 대해 우리로서는 전혀 알 길이 없다.

성경은 예수를 믿으면 그 믿음으로 구원받고 행위와 상관없음을 분명히 하고 있다. 하지만 영적 타락인 배도를 할 때 구원받지 못함도 명확하게 밝히고 있다. 그러나 과연 하나님의 참된 백성이 배도가 가능한가 하는 것은 여전히 알 수 없는 일이다. 사도 요한은 배도가 불가능하다고 이야기하고 있다.[84]

실제로 구원받은 하나님의 백성에게 배도적 타락은 결코 일어나지 않는다. 행위적 문제가 있을 수는 있으나, 이는 반드시 성령의 인도로 회개하게 된다. 그러니 진정 예수 그리스도를 자신의 구주로 믿고 고백하며 그분을 따르는 자들에게는 구원이 확실히 보장된다.

행위를 강조하는 다른 많은 곳들도 같이 분석하면 좋겠으나 지면상 줄이기로 한다. 우리가 행위로 구원받을 수 없음은 다음의 사실들에서도 분명해진다.

1. 구원은 성부와 성자, 그리고 성령님이 절대로 보장해주신 사건이다.
2. 하나님이 우리를 법적 차원에서 의롭다 선포하셨다.
3. 하나님의 사랑과 용서는 우리의 생각을 뛰어넘는다.
4. 주님이 직접 자신의 백성을 부르시고 지켜주시겠다고 했다.
5. 이 구원을 위해 하나님이신 예수님이 죽으셨고, 그 죽음으로 구원을 이루셨다.

---

84) 자녀들아 너희는 하나님께 속했고 또 저희를 이기었나니 이는 너희 안에 계신 이가 세상에 있는 이보다 크심이라 (요일 4:4)

사탄이 만약 예수를 영접해서 하나님의 자녀가 된 자들을 타락시켜 구원을 상실케 할 수 있다면, 이는 하나님이 사탄보다 그 능력에 있어 못한 신이 된다. 그러므로 절대 이런 일은 있을 수 없다. 우리 인간이 행위로 구원받을 수 없는 이유는 다음과 같다.

- 인간은 죄인으로 이미 죽은 자이기 때문이다.
- 이 땅에 의로운 사람은 아무도 없기 때문이다.
- 인생은 유한하며, 구원받을 만한 아무런 가치가 없기 때문이다.
- 오직 구원은 하나님께서 값없이 선물로만 주셨기 때문이다. - 행위로는 구원의 기준을 잡을 수가 없다.

성도들에게서 나타나야 할 의로운 행동은 당연한 일이다. 성도는 죄에 대해 아파하고, 죄에 대해 힘들어한다. 따라서 회개가 필연적으로 따라온다. 만약 죄를 지으면서 당연시하고, 이미 구원받았기 때문에 육신의 행동은 구원과 아무런 상관이 없다, 그러니 죄를 지어도 괜찮지 않느냐, 라고 생각하는 자가 있다면, 그는 하나님의 백성이 아니다. 하나님의 백성은 절대 이렇게 생각하지도 않고, 이런 생각이 들지도 않는다. 죄에 대해 더 민감해지고 강하게 느끼며, 그 죄로부터 이기려고 무던히 애쓰고 노력한다. 주님의 도움을 간절히 바라면서 말이다.

신앙에는 비록 행위가 중요하지만, 우리가 바르게 행해야 구원받을 수 있다는 말은 곤란하다. 행위는 믿음 뒤에 따라오는 거룩한 하나님 백성의 당연한 삶의 원리다.

오늘날 성도들의 잘못된 삶의 문제들을 보면 행위를 강조할 필요는 있다. 하지만 행위 문제를 구원까지 연결시킨다면, 이는 심각한 배도적 현상이다. 성경은 단 한 번도 인간의 행위로 구원받음을 이야기하고 있지 않다. 구원은 그 구원을 받아들이는 사람의 믿음에 의해 주어지는 것이다. 그것이 하나님의 구원의 원리이며, 불변의 방법이다. 이런 하나님의 구원 방법은 시대가 달라진다 해도 전혀 달라지지 않는다.

그러나 인간의 행위는 나이, 환경, 시대, 상황, 여건에 따라 선과 악의 기준이 다 다르게 적용되고, 심지어 각각의 나라에 따라서도 다르게 적용된다. 우리나라의 선이 다른 나라의 악이 될 수도 있고, 다른 나라의 악이 우리나라의 선이 될 수도 있다. 과거의 악이 현재의 선으로, 현재의 선이 미래의 악으로 바뀌는 사례도 다반사이다. 그렇기 때문에 인간 행동의 선과 악, 행위의 옳고 그름을 이 땅의 윤리나 법을 절대 기준으로 삼아 판단할 수 없다.

한 예로, 결혼 문화도 우리는 일부일처제를 성경적이며 현대의 윤리적 기준으로 볼 때 바른 행위라고 보고 있지만, 지구상 약 70% 이상의 나라가 일부다처제이다. 그렇다면 우리와 달리 일부다처제를 인정하는 다른 모든 나라들은 잘못된 행위를 하고 있다고 봐야 할 것이다. 만약 인간의 행위가 구원에 어떤 영향력을 줄 수 있다고 하자. 그러면 일부일처제인 우리나라에서 한 사람이 많은 여인들을 거느리고 산다면 지옥가야 하고, 일부다처제를 인정하는 다른 나라에서는 한 사람이 여러 여자와 살아도 천국 갈 수 있다는 이상한 논리가 성립한다. 무슨 의미인지 충분히 이해하리라 생각한다.

그리고 만약 인간의 행위가 구원에 영향을 미친다면, 그리스도가 이 땅에 온 것은 인류에게 복이 아니라 저주가 된다. 차라리 오지 않았더라면 행위에 의해 더 많은 사람들이 구원받을 수 있었을 것이다. 복음을 전혀 듣지 못하고 죽은 모든 자들에게도 구원의 길이 있기 때문이다.

너희가 그 은혜를 인하여 믿음으로 말미암아 구원을 얻었나니 이것이 너희에게서 난 것이 아니요 하나님의 선물이라 행위에서 난 것이 아니니 이는 누구든지 자랑치 못하게 함이니라 (엡 2:8~9)

휴거에 대한 배도

　　아마 많은 성도들이 휴거에 대해 들어봤을 것이다. 휴거란 용어는 성경에 등장하지 않지만, 데살로니가전서 4장 16~18절[85]에 나타나는 내용 중 "구름 속으로 끌어올려"에서 휴거란 용어를 만들어낸 것으로 보인다. '끌어올려'란 '낚아채다', '강탈해가다'라는 헬라어 '하르파조'에서 나온 의미인데, 이는 순간적으로 갑자기 끌려가는 상태를 의미하는 단어다. 이 땅에 사는 성도는 어느 순간 갑자기 하늘로 끌려가 주님을 만난다는 놀라운 사실을 암시하는 내용이다.

　　휴거에 대해 알고 있는 성도 중 대부분이 성경의 내용과 상관없이 환난 전 휴거를 은연중에 믿고 받아들인다. 나도 성경을 알기

---

85) 주께서 호령과 천사장의 소리와 하나님의 나팔로 친히 하늘로 좇아 강림하시리니 그리스도 안에서 죽은 자들이 먼저 일어나고, 그 후에 우리 살아남은 자도 저희와 함께 구름 속으로 끌어올려 공중에서 주를 영접하게 하시리니 그리하여 우리가 항상 주와 함께 있으리라 (살전 4:16~18)

전에는 환난 전 휴거를 받아들였다. 이는 성경을 통해 알게 된 것이 아니라, 휴거를 믿고 있는 많은 사람들이 그렇게 믿고 있기에, 그것이 성경의 가르침인 줄 알고 그냥 그렇게 믿었을 뿐이다. 그리고 종말론을 기술한 여러 서적에서도 대부분 환난 전 휴거를 이야기하고 있었기 때문에, 당시 성경을 제대로 알기 어려운 학생이었던 나로서는 그렇게 믿을 수밖에 없었다.

펄시 콜렛의 『100가지의 천국 비밀』, 어네스트 앵그리의 『휴거』, 조용기 목사의 『다니엘, 요한계시록 강해』 등의 책들이 활개를 치던 때였다. 성경을 올바로 알지 못하던 때에 호기심으로 이런 책들을 읽으면서, 그 진위를 분별할 수 있는 성경적 지식이 전혀 없어 목사님이 쓴 책은 모두 올바른 책인 줄로만 알고 있었다. 모두 환난 전 휴거를 주장하는 책들이었다. 많은 사람들이 그렇게 믿고 있었으며, 내가 다니는 교회(아주 보수적인 장로교회)에서는 그에 대한 아무런 말이 없었기에 그냥 그렇게 믿을 수밖에 없었다.

그러나 비록 환난 전 휴거를 받아들이긴 했지만, 성경을 읽다 보니 그러기엔 내용상 맞지 않는 부분들이 너무 많음을 발견하게 되었다. 마태복음 24장에 나오는 예수님의 종말론 강화나 부활 장인 고린도전서 15장의 내용, 그리고 데살로니가전서 4장 16~18절의 내용들, 뿐만 아니라 요한계시록을 읽어가면서 등장하는 환난 때의 성도나 교회들, 이 모두가 휴거에 대해 상당한 혼란을 주었다. 그래도 내가 성경을 잘못 알아서 그렇다고 생각하며 오랜 세월 그렇게 믿고 지냈다.

신학을 공부하면서 성경을 좀 더 깊이 보게 되고, 신학 공부를 마친 후 성경을 다시 연구하고, 좀 더 폭넓은 신학적 안목과 성경적 안목을 갖게 되면서, 성경에서 가르치는 휴거는 절대적으로 환난 전 휴거가 될 수 없음을 확신하게 되었다. 그리고 휴거란 예수님의 재림과 따로 일어나는 별개의 사건이 아니고, 예수님의 재림 나팔 소리, 죽은 성도의 부활, 그리고 살아남아 있는 성도들의 휴거가 동시에 일어나는 사건임을 알게 되었다. 환난 때까지 살아 있는 성도는 주님의 도우심으로 반드시 환난을 이기고 통과한다는 것이 성경의 진리임을 깨닫게 된 것이다.

실제로 성경은 환난 전 휴거를 말하고 있지 않다. 환난 전 휴거의 가르침은 철저히 비성경적이며, 마지막 시대 우리 성도들을 미혹하는 배도적 가르침이다. 환난 전 휴거를 주장하는 자들은 그들이 인용하는 성경 모두를 올바르게 해석하지 못하고 있다. 환난 전 휴거라는 자신의 믿음 위에 성경을 억지로 끼워 맞추기 식으로 시도한 해석이 주류를 이루고 있다.

환난 전 휴거를 주장하는 대부분의 사람들이, 휴거되기 위한 조건으로 성도의 행위를 강조하고, 올바른 성도로서의 행위를 갖지 못하면 휴거되지 못하고 환난에 던져져 말로 다할 수 없는 고난을 받게 될 것이라는 멋진 거짓말로 성도들을 배도로 이끌고 있다. 결국 행위에 의해 휴거가 되기도 하고 안 되기도 하는 행위 중심적 사고를 갖고 있는 것이다. 이들은 구원에 있어서도 행위 구원을 강조할 수밖에 없는데, 그렇게 해야 자신들의 주장이 설득력을 얻을 수 있기 때문이다.

초대교회 이후 최소한 휴거라는 거짓 신학이 나오기 전까지 성도들은 휴거라는 개념을 갖고 있지 않았다. 성도란 당연히 이 땅에서 많은 환난을 당한다는 것이 이들의 믿음이었다. 종말론적 신앙에서도 그리스도가 재림하기 전 이 땅에 환난이 닥칠 때, 성도는 당연히 환난에 들어가 환난을 받는다는 신앙을 갖고 있었다.

우리나라에 선교의 문이 열려 기독교가 들어오게 될 때 외국에서 넘어온 대부분의 선교사들이, 세대주의의 기초를 놓은 존 넬슨 다비가 만든 휴거에 대한 그릇된 신학 사상을 갖고 들어왔다. 그러나 이런 이들의 사상이 초창기 성도들에게는 크게 영향력을 주지 않았다.

1970년대 들어 오순절 교단이 득세하면서, 세대주의적 사고를 갖고 있던 순복음 중앙교회 조용기 목사의 『다니엘, 요한요한계시록 강해』 등의 책이 대중에게 급속도로 확산되었다. 그러면서 수많은 성도들이 세대주의적 사고에 물들기 시작했고, 서달석 목사의 종말론 강의 또한 크게 영향을 미치게 되었다.

그러나 우리나라에 들어온 환난 전 휴거 신학에 결정적 영향을 미친 사람은 이장림 목사라고 할 수 있다. 그가 어네스트 앵그리의 『휴거』라는 소설책을 번역하면서, 이 책에서 가르치는 환난 전 휴거가 사실인 것처럼 성도들에게 받아들여졌다. 그리고 환난 전 휴거를 믿는 수많은 목회자나 성도들에게 환난 전 휴거를 확신하게 하는 촉진제가 되었다.

먼저 우리가 분명히 알아야 할 것은, 휴거 신학의 뿌리가 세계정부를 만들려는 프리메이슨(일루미나티)이라는 사실이다. 이들이 성경의 계시와 진리, 그리고 정통신학을 파괴하기 위해 만든 멋진 걸작품이 바로 휴거이다.[86]

휴거 신학은 18세기 중엽 일루미나티 예수회 회원이며 사탄을 숭배하는 장미십자회의 비밀결사 요원이던 스페인계 칠레인 임마누엘 라쿤자(가명은 랍비 벤 에즈라임)가 『영광과 위엄의 구세주 오

---

86) http://cafe.daum.net/ciak (한국기독교 정보학회 질문과 답변 5104)

심』이라는 책을 저술하면서, 전혀 성경적이지 않은 예수님의 공중 재림, 지상 재림이라는 두 번의 재림론을 주장한 데서 비롯되었다. 거기서 그는 예수님이 공중 재림하실 때 성도가 휴거된다는 거짓 휴거 신학을 만들어냈다.[87]

스페인어로 된 라쿤자의 책을 영국의 이단인 에드워드 어빙이 영어로 번역하고, 어빙의 교회에 출석하며 이 책에 영향받은 마가렛 도날드라는 소녀가 1830년, 교회의 성도들이 대환난 전에 휴거될 것이라는 계시를 받았다고 했다. 역시 같은 교회에 출석하던 카르데일이라는 여인이 1830년 4월 30일 가정기도회에서 역시 같은 계시를 받았다고 주장하면서, 이 신학이 퍼지기 시작했다.[88]

이런 거짓 휴거 신학을 플리머스 형제단의 창시자였던 영국의 넬슨 다비가 받아들임으로써 휴거 신학의 체계를 마련한 것이다. 그리고 이 사상이 미국에 들어와 전 미국을 휩쓸게 되었다.

당시 미국 캔자스 주의 주 의원이며 주 검사이고 변호사이자 프리메이슨이던 스코필드가 1909년 300만 부 이상의 관주 성경을 편찬하면서, 미국 내 거짓 휴거 신학이 뿌리를 내리게 되었다. 넬슨 다비와 스코필드의 영향으로 환난 전 휴거 신학이 미국에 자리 잡게 되고, 이런 잘못된 신학이 우리나라에 유입되면서, 이들의 영향을 받은 수많은 목회자들에 의해 환난 전 휴거가 성경의 진리인 양 오도되어 지금까지 이르고 있다.

---

87) Ibid.

88) Ibid.

성경은 절대 환난 전 휴거를 지지하지 않는다. 예수님의 공중 재림이니 하는 말은 모두 거짓이다. 성경은 철저하게 우리 성도들이 환난을 통과하고, 예수님이 재림하실 때 죽은 성도들이 부활과 동시에 공중에서 재림하시는 주님과 만난다고 기록해놓고 있다.

수많은 인터넷 카페에서 환난 전 휴거를 주장하고 있는 것을 보는데, 대부분 거짓 계시를 받은 무리들의 간증이 주류를 이루고 있다. 그 간증들을 읽어보면 정말 휴거는 환난 전에 일어날 것 같은 착각이 들기도 한다. 두려운 일이다.

성도의 휴거가 환난 후 있을 것이라는 사실은 성경이 증명할 뿐만 아니라, 초대교회 때부터 성도들이 일관되게 믿어온 사상이다. 이 사상은 사도들의 사상이요 교부들의 사상이었다. 그리고 신실한 모든 그리스도인들의 사상이었다. 저스틴이 그랬고, 터툴리안, 락탄티우스, 이레니우스, 히폴리투스 등 대부부의 신실한 교부들의 사상이 역사적 전 천년주의의 환난 후 휴거설을 지지하고 믿은 사람들이다. 이들 모두가, 비록 교회(신실한 성도)라 할지라도 대 환난을 온전히 피할 수 없으며, 직접 겪어야 한다고 했다.

2세기 초의 저술인 『디다케』(Didache, 초기 교부들의 저작물)와 『바나바 서신』(희랍 교부들의 저술집)은 "교회가 환난을 겪고 그 끝에 예수 그리스도가 재림할 것을 기대했다"라고 기술하고 있다. 이들 모두는 예수 그리스도께서 적그리스도를 멸하고, 교회를 구원하기 위해 환난 끝에 재림하실 것으로 보았고, 또 그렇게 믿고 있었다. 이렇게 교회가 환난을 통과한다는 성경 말씀은 1900여 년 동안, 초대교회 때부터 가르쳐온 하나님의 진리의 말씀이었다. 그런데 갑자기 환난 전 휴거가 나타나게 된 것은 앞에서도 언급했지만 영국의 존 다비(John N. Darby, 1800~82)라는 사람의 영향 때문이었다.

휴거가 환난 전에 일어날 것이라는 그의 사상은 거짓 복음에 불과하며, 성경을 근거로 한 것이 아니라 천주교 예수회 소속인 임마누엘 라쿤자의 주장을 자신의 주장과 사상으로 발전시켜 개신교에 접목시킨 것에 불과할 뿐이다.

그러나 이런 그의 사상이 인본주의자, 기복주의자 등 성경을 잘 모르는 일반 그리스도인들에게 누룩처럼 번져 퍼져가게 되었다. 특히 19세기 말과 20세기 초에 개최된 예언 대회, 신학을 공부한 적 없는 자칭 신학자 스코필드의 관주성경, 그리고 성서학원 운동을 통해 미국 전역으로 확산되었다. 그리고 아쉽게도 자유주의 신학에 대항하여 일어난 근본주의 신학계에서조차도 널리 수용하게 되었고, 이런 이들의 사상이 우리나라에 검증 없이 그대로 유입되면서, 불행히도 많은 교역자뿐만 아니라 대부분의 연약한 성도들에게도 이 사상이 주입되어 이 사상을 신봉하며 따르게 된 것이다.

환난 전 휴거를 믿고 따르는 사람은 성경의 가르침을 믿고 따르는 것이 아니라, 다비라는 사람의 개인적 사상, 즉 사람의 사상을 믿는 것이며, 그 사상을 신봉하는 자들에 불과하다. 이는 사탄이 정통 신학을 무너뜨리기 위해 만든 거짓 신학이다. 이런 휴거 사상을 믿고 있는 세대주의[89]는 거짓 신학이다.

---

89) 스페인 사람 임마누엘 라쿤자의 영향으로 다비에 의해 만들어진 세대주의는 성경을 무죄 시대, 양심 시대, 인간치리 시대, 약속 시대, 율법 시대, 은혜 시대, 천년왕국 시대의 7세대로 나누어, 하나님의 경륜이 각 시대마다 다르게 나타나며, 구원 또한 시대마다 다르게 나타난다고 주장하는 이단적 사상을 가르친다. 예수님의 재림 또한 공중 재림(환난 전 휴거)과 지상 재림이 있다고 주장한다.

성경은 결코 환난 전 휴거를 가르치지 않는다. 성경은 성도들이 환난 시대에 들어간다는 것을 수차례 알려주고 있으며, 이 환난 가운데 이기며 승리할 것을, 그리고 승리할 수 있도록 도와주겠다는 말씀으로 가득 차 있다. 특히 요한계시록 3장 10절에서 말씀하는 시험의 때를 이기게 해주겠다라는 영어 문장에 보면 "I(예수님) also will keep thee from the hour of temptation."으로 되어 있다. 이 말씀은 일인칭인 나, 즉 예수님의 강력한 의지를 표명하는 것으로, 내(예수님)가 반드시 시험의 기간 동안 그 시험을 이길 수 있도록 내(예수님)가 의지를 갖고 이기도록 도와주겠다는 말씀이다. 이 얼마나 놀라운 은혜의 말씀인가.

노아의 사건이나 롯의 사건도 환난 전 휴거의 모형이 아니라, 비록 환난이 있다 하더라도 그 환난으로부터 구원해주실 것이라는 하나님의 뜻을 전하는 사건으로 보아야 한다. 노아가 비록 방주를 탔다 하더라도 환난 가운데 있었으며, 자신도 멸망당하는 자들의 환난과 같은 것은 아니지만 방주 속에서 지내야 하는 어려움을 겪은 것이다.

환난 전 휴거를 믿고 요한계시록을 읽는 성도들은 요한계시록을 읽어가면서 내내 의문에 휩싸이게 된다. 왜냐하면 환난 가운데 등장하는 성도들이 무수히 많으며, 계속적으로 환난 가운데서 주님의 보호하심과 성도의 인내를 강조하고 있기 때문이다. 이들이 믿음생활을 잘못해서 환난에 던져져, 그 가운데서 회개해 믿음생활을 철저히 하게 된 성도들이라고 애써 믿어보려 해도, 전혀 그런 마음이 들진 않을 것이다. 왜냐하면 이들은 신실하고도 믿음생활을 잘해온 성도들이기 때문이다.

요한계시록 11장의 신실한 두 증인, 12장의 여자의 남은 자손으로 비유된 하나님의 백성들, 13장의 하나님의 백성에 대한 적그리스도의 무서운 박해들, 이어 등장하는 성도들의 순교 등, 이 모두가 환난 시대 때의 성도들이다. 그리고 종말에 관련한 예수님의 가르침이나 사도의 가르침, 좀 더 나아가서 구약의 가르침 또한 상당한 의문을 갖고 보아야 한다.

복음서에 나타나는 예수님의 종말론 강화를 살펴보면, 성도는 환난 전 휴거를 당해 환난을 당하지 않는 것이 아니라, 환난 가운데서 믿음을 지켜나갈 것을 가르치고 있다.

마태복음 24장 15절이나 22절, 23~26절, 31절, 36절, 42절, 44절 등을 자세히 읽고 살펴보면, 이 모두가 성도가 환난에 들어감을 가르치는 말씀들이다.

사도들 또한 환난 전 휴거가 아니라 환난 후 휴거를 가르치고 있다. 성경은 전체적으로 일관되게 환난 후 휴거를 가르치고 있으며, 환난 가운데 믿음을 지킬 것을 당부한다.

신실한 성도라면 휴거를 준비해야 하는 것이 아니라, 어떠한 환난이 오더라도 이길 수 있는 믿음을 준비해야 한다. 그리고 환난 가운데 던져지더라도 믿음을 지켜, 주님의 재림 때까지 그 믿음을 잘 지키고 간수하여, 환난 가운데 승리함으로써 휴거를 받아야 하는 것이다. 잘못된 배교적 가르침인 환난 전 휴거를 받아들여선 결코 안 된다.

성도의 휴거는 단회적 사건으로, 부분이 아니라 전체가 한 번에 휴거되는 사건이다. 환난 전 휴거를 주장하고 그 주장을 정당화시키려다 보니, 그와 관련해 여러 합리적 대안들을 만들어 경건한 사람만 휴거시킨다는 부분 휴거니 중간 휴거니 이중 재림이니 하는 인간적 학설을 만들어낸 것이다.

성경에서 가르치는 환난 후 휴거를 인정하면 이런 모든 문제가 단번에 사라지고, 이런 문제 또한 발생하지 않는다. 왜냐하면 이미 환난을 이긴 성도들은 모두 하나님의 백성이며, 하나님의 백성이었기에 적그리스도에게 굴하지 않고 믿음으로 승리한 자들이기 때문이다. 그렇기 때문에 지상에서 환난 동안 믿음을 지킨 모든 성도들이 빠짐없이 휴거되는 것이다. 성도의 휴거는 환난 후 일어나는 것이 성경적임을 믿어야 하며, 성경이 그것을 지지하고 있다. 휴거의 순서는 성경에서 가르치는 대로 다음과 같다.

> 주께서 호령과 천사장의 음성과 하나님의 나팔 소리와 함께 하늘로부터 친히 내려오시리니 그러면 그리스도 안에서 죽은 자들이 먼저 일어나고, 그리고 나서 살아남아 있는 우리도 공중에서 주와 만나기 위하여 그들과 함께 구름 속으로 끌려올라 가리니, 그리하여 우리가 영원히 주와 함께 있으리라. 그러므로 이런 말로 서로 위로하라 (살전 4:16~18)

> 보라, 내가 너희에게 한 가지 신비를 말하노니, 우리가 다 잠잘 것이 아니요 오히려 우리가 모두 변화될 것이니, 마지막 나팔에 눈 깜짝하는 순간에 그리하리라. 나팔 소리가 나면 죽은 자들이 썩지 아니하는 몸으로 일으켜지며, 우리도 변화되리라 (고전 15:51~52)

위의 본문 중 데살로니가전서 4장 16~17절을 보면, 휴거 때 나타날 일곱 가지 상황과 휴거의 대상을 이야기하고 있다. 상황을 보면, 먼저 예수님의 호령 소리가 나고(16절), 천사장의 소리가 나며(16절), 이어서 하나님의 나팔 소리가 난다(16절). 그리고 그리스도 안에서 죽은 자들이 먼저 일어나며(16절), 곧바로 주께서 친히 하늘로 좇아 강림하시고(16절), 이어 그 다음에 살아남은 자가 구름 속으로 끌려 올려가는 휴거 사건이 일어나(17절) 공중에서 주를 영접하게 된다.

그리고 휴거의 대상에 대해서는 고린도전서 15장 51~52절에서 분명히 말하고 있다. 그리스도 안에서 죽은 자들이 먼저 일어나며(살전 4:16, 고전 15:52), 이어 그리스도 안에서 살아남은 자가 변화(휴거)되고(살전 4:17, 고전 15:52), 그리하여 우리가 항상 주와 함께 있게 될 것(살전 4:17)이라고 말씀하고 있다. 정리해보면,

1. 예수님의 호령소리가 나고
2. 천사장의 소리가 나며
3. 하나님의 나팔소리가 난다.
4. 그리스도 안에서 죽은 자들이 먼저 일어나고 (부활)
5. 곧바로 주님이 하늘로 좇아 강림하며 (재림)
6. 이어 살아남아 있는 자들이 구름 속으로 끌려간다. (휴거)
7. 그리고 공중에서 주를 영접하게 된다.

그렇기 때문에 예수님의 재림과 죽은 성도의 부활, 그리고 이 땅에 남아 있는 성도들의 휴거가 거의 동시에 일어나는 사건이 된다.

이렇게 성경이 명백히 증거하고 있음에도 불구하고, 환난 전 휴거를 주장하여 성도들을 미혹케 하는 것은 명백한 배도 사상이다. 성경은 일률적으로 성도의 휴거가 환난 후에 있을 것임을 분명히 하고 있다. 그러므로 그렇게 믿고 따르는 것이 성경의 바른 교훈임

을 잊어선 안 된다.

세대주의자들은 환난 때 등장하는 모든 주의 백성들을 이스라엘 민족으로만 보고 해석한다. 이미 교회, 즉 성도는 모두 환난이 오기 전 휴거되었기 때문에, 남아 있는 이스라엘 민족들 중 회개한 자들이 환난 끝에 예수님을 만난다는 억지 해석을 한다. 그들은 하나님의 구원 경륜이 시대에 따라 다르기 때문에, 환난 때는 예수를 믿는 것은 물론, 주님의 도우심이 아니라 스스로 이겨내야 구원을 얻는다고 가르친다. 이런 거짓 가르침에 절대 속지 마라. 우리는 절대 스스로 환난을 이길 수 없다. 반드시 주님의 도움이 있어야 가능한 일이다.

세대주의자들의 성경 해석은 아주 무서운 해석이다. 설득력도 있고 다양한 성경 인용을 하기 때문에, 마치 성경에 대해 정통한 자들인 것처럼 느껴지고 때론 신선하게 보이기도 한다. 그러나 이들의 가르침에 속아선 안 된다.

세대주의자들의 문제점들은 독자들 스스로 연구해보고 잘못된 가르침을 잘 분별하여, 성경적 가르침으로 돌아와야 한다. 그리고 하나님의 신실한 백성으로서의 삶을 살아야 한다.

짐승의 표에 대한 배도

사도 요한은 마지막 시대에 대한 계시를 밧모 섬에서 받았다. 마지막 시대의 수많은 사건들을 보면서 당시의 언어나 표현 방식으로 미래의 현상을 말하는 것이 쉽지 않았음에 틀림없다. 그래서 요한은 요한 당시에 일어났던 사건들과 연결시켜 미래에 대한 내용을 설명하고자 시도하면서, 나름 최선을 다해 하나님의 뜻을 전하고자 한 흔적이 여실히 드러난다.

요한계시록 2~3장에 걸쳐 일곱 교회에 대한 주님의 계시가 나오는데, 그 중 책망받지 않은 두 교회가 나온다. 서머나 교회와 빌라델비아 교회이다. 이 두 교회의 특징은 무서운 환난 가운데 믿음을 끝까지 지키고 주님의 이름을 배반하지 않은 것이었다.

당시 로마는 기독교에 대한 탄압을 가중시키면서, 성도들에게 황제 숭배를 강제하고, 황제 숭배를 하지 않는 성도들을 무자비하게 핍박했다. 로마의 식민지였던 서머나 지역도 이를 피해갈 수 없었다. 그러나 서머나 지역은 로마에 상당히 우호적이었고, 로마의 정책을 잘 따른 대표적인 지역이다. 로마에서의 황제 숭배가 강제되

자 서머나는 이 일에 적극적으로 협력하여, 소아시아 지역에서 최초로 황제 숭배를 도입하고 황제 숭배를 강요했다.

대부분의 서머나 지역 사람들은 황제 숭배를 거부할 이유도 없었고 거부할 필요도 느끼지 않았다. 그래서 황제 숭배를 적극 권장한 서머나 지역은 로마의 특별한 혜택을 받아, 황제 숭배를 통해 많은 유익을 얻었다.

서머나 지역은 타 지역과는 달리 황제 숭배에 대한 새로운 계획을 갖고 진행했다. 그것은 황제 숭배를 하는 자들에게 부여하는 표였다. 황제 숭배를 하는 자들에게 황제 숭배를 했다는 표를 주어 다양한 혜택을 주었고, 황제 숭배를 거부하는 자들에게는 불이익을 주곤 했다. 이런 표를 제도화해서, 서머나 지역에서는 표를 갖지 않은 자들에 대한 경제 활동을 제한시켜 활동할 수 없도록 만들었다.

그리스도를 믿지 않는 자들은 이런 제도가 전혀 문제될 것이 없었다. 황제 숭배를 하면 그만이었다. 그러나 그리스도인들에겐 이런 제도가 치명적이었다. 단지 황제 숭배만을 권장할 때는 거부하고 황제 숭배를 하지 않으면 되었으나, 이제 황제 숭배를 하지 않으면 경제 활동을 할 수 없는 어려운 형편에 처하게 된 것이다. 이는 곧바로 그리스도인들에게 사형선고 같은 것이 되었다. 그래서 주님은 서머나 교회를 향해 네 환난과 궁핍을 안다고 하시면서 위로한 것이다. 여기서 말한 환난이나 궁핍의 상태는 극한 어려움과 가난 가운데 더 이상의 생계를 이어가기 힘든 어려움을 말한다.

사도 요한은 당시 서머나 지역에서의 이런 일들을 잘 알고 있었던 게 분명하다. 지상에서 일어나는 무서운 환난을 천상에서 보면서 요한은 자신의 지식과 당시의 상황을 고려하여, 최선을 다해 하나님의 뜻을 전달하려고 노력했지만, 쉽지만은 않았을 것이다.

사도 요한은 마지막 환난이 무르익어갈 때 다음과 같은 환상을 보았다. 짐승의 정부가 들어서고, 이 정부에 의해 사람들에게 표를 강제하며, 이 표가 없이는 매매가 되지 않도록 하는 실제를 본 것이다. 요한은 이 표를 짐승의 표인 666이라고 했다.[90]

종말에 대한 수많은 논쟁 가운데 단골 메뉴로 등장하는 핫 이슈가 이 짐승의 표인 666에 대한 내용이다. 수많은 신학자들에 의해 연구되었지만, 아직도 신학적 의견이 일치되지 않고 논쟁 중에 있다. 그러다 보니 다수의 의견에 편승하거나, 아니면 개인이 연구한 결과로 이 표에 대한 해석을 한다.

필자는 지금부터 약 20여 년 전, 짐승의 표에 대한 내용을 책으로 밝히면서, 앞으로 한국 교회에는 짐승의 표에 대한 배도가 있을 것이라고 역설했다.

현재 대부분 교단에서 짐승의 표에 대한 해석을 모두 상징으로 해석한다. 그래서 실제로 사람에게 박히는 표가 아니라, 사탄의 무서운 박해 정도로 해석하거나, 아니면 사람에게 박힌다 하더라도, 그것은 짐승의 표가 아닌 과학과 IT 기술의 발전으로 인해 인류의 삶에 도움을 주는 표라고 해석한다. 그래서 우리가 그 표를 받더라도 구원과 아무 상관이 없으며, 오히려 우리의 삶에 많은 유익을 줄 것이라고 한다. 이러한 가르침은 성도들이 아무런 저항이나 두

---

90) 저가 모든 자 곧 작은 자나 큰 자나 부자나 빈궁한 자나 자유한 자나 종들로 그 오른손에 나 이마에 표를 받게 하고, 누구든지 이 표를 가진 자 외에는 매매를 못 하게 하니 이 표는 곧 짐승의 이름이나 그 이름의 수라 지혜가 여기 있으니 총명 있는 자는 그 짐승의 수를 세어 보라 그 수는 사람의 수니 육백육십육이니라 (계 13:16~18)

러움 없이 그 표를 받도록 길을 마련해놓고 있다. 과연 짐승의 표가 모두 상징이며, 이 표를 성도들이 받아도 될까?

하나님께서는 사도 요한을 통해 마지막 시대에 일어날 짐승의 표의 정체에 대해 이미 서머나 교회를 통해 알려주셨다. 필자가 서머나 교회의 배경에 대한 이야기를 먼저 한 것도 이런 사실을 좀 더 쉽게 알리기 위해서이다. 요한계시록에 등장하는 짐승의 표는 미래에만 나타날 표가 아니라, 이와 유사한 형태가 초대교회 시대나 그 이후의 시대에도 있어온 일인 것이다.[91]

사도 요한은 당시 있었던 이런 일들과 비슷한 일들이 환난 시대 때 일어나고 있음을 보았는데, 그때는 종이에 의한 표가 아니라, 사람들의 손이나 이마에 직접 그 표를 박는 모습이었다. 이렇게 보게 된 환상을 자신이 살던 시대의 모습과 연결해서 사도 요한은 짐승(사탄)의 수인 666이란 숫자를 사용해 짐승의 표인 666으로 표현한 것이다.

짐승이란 당시의 세계를 통치하는 세계정부를 말한다. 이 세계정부가 666이란 표를 사용해 사람들을 통제하고, 이 표를 통해 모든 경제 활동을 해야만 하는 법안을 만들었다. 그래서 이 표를 받지

---

91) AD 247년 로마 건국 100주년을 맞이하여 로마 시민들이 거리로 몰려나와 사흘 밤낮을 먹고 마시며 축제를 했다. 그러나 이런 방탕한 파티에 그리스도인들은 참석하지 않았다. 파티 후 로마 전역에 전염병이 휩쓸고 지나가면서 수많은 사람들이 죽자, 로마인들은 그리스도인들이 로마의 신들을 진노케 했기 때문이라고 믿게 되었다. 당시 황제였던 테키우스는 진노한 신들을 달래기 위해 그리스도인들에 대한 박해를 가중시키고, 로마 신들 숭배에 반대하는 자들을 색출하기 위해 '제사 증명서'를 발급해 소지하도록 했다. 이 증명서를 소지하지 않은 시민은 그리스도인으로 인정되어, 신분 고하를 막론하고 현장에서 체포 혹은 투옥했다(티모디 존스 저, 배용준 역, 『기독교 역사』, P.55). 이 제사 증명서가 짐승의 표 가운데 하나이다.

않으면 안 되도록 제도적 장치를 만들어, 모든 사람들이 이 표에 의해서만 생활이 가능하도록 한 것이다. 그래서 666을 짐승의 표라 했으며, 이런 사실을 사도 요한이 천상에서 보게 된 것이다.

성경을 올바로 해석하기 위해서 우리가 거쳐야 할 관문이 많이 있다. 그 중 하나가 시대적 상황으로서, 어떤 시대가 오기 전에는 해석이 불가능한 부분들이 많이 있다. 그 중 하나가 이 짐승의 표에 대한 해석이다. 현재와 같이 생명공학이나 IT 산업이 발전하지 않았던 과거에 사람의 이마나 손에 표가 박힌다는 표현은 도무지 이해가 안 되고 상상조차 할 수 없는 내용이었다. 어떻게 사람의 이마나 손에 이상한 표를 직접 박아 넣을 수 있단 말인가.

쇠가 하늘을 날아다니고, 쇠가 물에 뜨고, 이상한 바퀴를 단 쇠들이 쏜살같이 달리고 하는 현재의 모든 일들이 과거의 사람들에겐 상상도 안 되는 일들이었다. 그러나 비행기를 접하고, 배를 접하며, 자동차를 접하는 현대의 우리는 이런 것에 대해 쉽게 이야기한다.

사람의 몸에 직접 표를 박아넣는다는 표현을 이해하기란 그런 시대가 와야 가능해진다. 그렇기 때문에 그런 시대가 오기 전에는 요한계시록13장에 등장하는 표에 대한 해석을 올바로 할 수 없다.

계시록에 기록된 사람의 몸에 박아넣는 표가 오늘날의 언어로 표현하면 칩이 될 것이다. 현재 이 표를 박아넣는 것에 대해 이의를 제기하는 사람은 아무도 없다. 현대의 기술로 사람의 이마나 손에 조그마한 칩을 박아넣기가 충분히 가능해졌기 때문이다. 그리고 이미 수많은 사람들이 이 칩을 몸에 박아 살고 있는 세상이다.

앞으로는 사람이 몸에 칩을 박는 일들이 자연스레 이루어질 것이다. 이 칩은 미래사회의 개인 신분증으로 활용될 가능성이 다분하다. 칩을 통해 모든 사회 활동이 이루어지고 경제 활동이 가능한 사회가 올 것이 분명하다. 이미 UN에서도 그에 대한 계획을 갖고 있다는 것을 유엔 미래보고서를 통해 알 수 있다. 삼성에서는 '몸에 이식할 수 있는 의료기기와 이를 제어하는 방법(IMPLANTABLE MEDICAL DEVICE AND METHOD OF CONTROLLING THE SAME)'이라는 내용의 특허를 지난 해 2011년 9월 6일자로 출원했다. 또 최근래에는 전기 차 업체인 테슬라의 창업자 일론 머스크가 뉴럴링크라는 회사를 만들어, 인간의 뇌에 칩을 박는 이식술을 현실화하겠다고 장담했다. 그는 "인공지능(AI)에 인간이 굴복하지 않으려면, 뇌에 AI 칩을 심어 두뇌를 강화해야 한다"고 연구의 당위성을 설명했다.[92]

세계정부를 구성하고자 하는 자들은 가장 효과적으로 사람들을 통제하는 방법을 찾게 될 것이다. 그것은 사람의 몸에 직접 칩을 이식해 신분증 역할을 하도록 하고, 그 칩을 통해 그 사람을 감시하도록 하는 것 외에 더 좋은 대안이 없다. 모든 신분증은 복제가 가능해도, 사람의 몸에 이식되는 칩은 복제가 불가능하고 위조도 불가능하다. 그렇기 때문에 수많은 사람들을 통제하는 데 그 이상의 좋은 대안이 없다. 그러므로 단일 세계정부를 만들고자 하는 자들은 당연히 모든 사람에게 칩을 받도록 유도할 것이고, 사람들은 별 저항 없이 칩을 받게 될 것이다.

이 칩에는 수많은 정보가 저장되고, 개인 한 사람 한 사람을 통제할 수 있는 기능들이 탑재될 것이다. 한편으론 의료 등의 여러 복지 혜택도 이 칩을 통해 가능해질 것이다. 대부분의 사람들은 별

---

92) 『국제신문』 2017년 3월 29일자 30면(논설)

저항 없이 칩을 받게 될 것이며, 정부 또한 칩에 대한 유용성을 계속 어필할 것이다. 교회에서도 당연히 이 칩을 받아 유용하게 사용해도 괜찮다는 성명서나 메시지들이 나올 것이다.

과연 우리가 이 칩을 받아도 될까? 우리는 성경에서 그 답을 찾으면 된다. 성경은 우리에게 이 칩을 받아선 안 된다고 강력하게 경고한다. 이 칩을 받게 되면, 하나님의 심판의 잔을 피하지 못한다고 말하고 있다.[93)]

요한계시록에 등장하는 짐승의 표는 짐승 정부의 신분증이다. 이를 통해 모든 사람들을 지배하고 통제할 것이 분명하다. 666이란 숫자는 상징이 분명하나, 표를 박는 일은 상징이 아니다. 실제로 표가 박히는 것을 말하고, 여기에 대해서 성경이 분명하게 증명하고 있다. 성도는 그 어떤 형태의 표와 같은 칩을 받아선 안 된다.

현재 등장하여 박히고 있는 베리칩이 짐승의 표가 될 수 있는지 아닌지에 대해서 아직 결론을 내릴 순 없다. 그러나 베리칩이든 아

---

93) 또 다른 천사 곧 셋째가 그 뒤를 따라 큰 음성으로 가로되 만일 누구든지 짐승과 그의 우상에게 경배하고 이마에나 손에 표를 받으면 그도 하나님의 진노의 포도주를 마시리니 그 진노의 잔에 섞인 것이 없이 부은 포도주라 거룩한 천사들 앞과 어린 양 앞에서 불과 유황으로 고난을 받으리니 그 고난의 연기가 세세토록 올라가리로다 짐승과 그의 우상에게 경배하고 그 이름의 표를 받는 자는 누구든지 밤낮 쉼을 얻지 못하리라 하더라 (계 14:9~11)

또 내가 보좌들을 보니 거기 앉은 자들이 있어 심판하는 권세를 받았더라 또 내가 보니 예수의 증거와 하나님의 말씀을 인하여 목 베임을 받은 자의 영혼들과 또 짐승과 그의 우상에게 경배하지도 아니하고 이마와 손에 그의 표를 받지도 아니한 자들이 살아서 그리스도로 더불어 천 년 동안 왕 노릇 하니 (계 20:4)

니든 간에, 사람 몸에 칩이 박힐 수 있다는 사실은 이제 분명해졌다. 필자의 견해로는 베리칩보다 좀 더 발전 된 칩의 형태가 나올 것으로 보인다. 좀 더 사람들에게 많은 유익을 주면서 효과적으로 감시와 통제가 가능하며, 더 나아가 이 칩을 통해 사람들의 행동이나 생각의 변화까지도 가능게 하는 칩이 나오리라 예상한다. 한번 칩을 받게 되면 제거가 원천적으로 불가능하며, 짐승의 정부에 순응할 수밖에 없는 그런 칩이 나올 것이다.

짐승의 표를 받고 받지 않음은 우리의 구원과 아무런 상관이 없다는 식의 논쟁은 피하도록 하자. 성경이 이 표를 받아선 안 된다고 말하고 있다. 이 표를 받게 되면 하나님의 심판을 받게 된다고 정확히 말하고 있으니 그대로 인정하고, 표를 받지 않아야 할 것이다. 그리고 우리 성도들에게도 그렇게 가르쳐야 한다.

앞으로 사람들에게 이식되는 칩에 대한 많은 이야기들이 방송을 통해 긍정적으로 나오게 될 것이다. 이미 대부분의 방송들이 세계정부주의자들의 손에 넘어가 있기 때문에, 아주 효과적으로 칩에 대한 좋은 점들을 많이 이야기하게 될 것이다. 그리고 사람들은 이런 말들에 미혹되어 칩에 대해 긍정적으로 생각하고, 칩을 박는 일에 쉽게 동참할 것이다. 마지막 환난이 들어서기 전 이미 세계는 칩 박는 일들이 보편화될 것이고, 주변에서도 칩을 박은 많은 사람들을 보게 될 것이다. 그러나 우리 그리스도인들은 어떠한 형태로 접근하든지 간에 이 칩을 받아선 절대 안 된다.

성경을 바로 믿는 많은 그리스도인들이 칩 받기를 거부하면 삶에 많은 어려움이 있겠지만, 국가에서 강제하지 않을 동안에는 어느 정도 견딜 수 있다. 그러나 후 3년 반의 환난이 시작되면서 이 칩은 정부에 의해 강제된다. 강제적으로 이 칩을 받게 하고, 이 칩을 받지 않는 자들에 대한 박해가 가중될 것이다. 이 칩으로만 모든 생활이 가능하도록 제도적 장치를 만들게 될 것이다. 이에 대해 성경은 다음과 같이 말하고 있다.

성도들의 인내가 여기 있나니 저희는 하나님의 계명과 예수 믿음을
지키는 자니라 (계 14:2)

무서운 대환난 기간은 정말 성도들에겐 어려운 기간임에 틀림없다. 이 기간은 목숨을 바칠 각오 없이는 믿음을 지키기 어려운 시기다. 우리 주님의 도움 없이는 결코 환난을 이길 수 없는 기간이다. 그래서 성도들의 인내가 여기에 있다라고 성경은 말하고 있다.

지금 사람 몸에 박히는 칩이 실재한다. 이런 사실을 보고도 아직까지 짐승의 표를 받아도 괜찮을 것이라는 배도적 가르침을 준다면, 이는 성경에 정면으로 도전하는 행위다. 차라리 성경대로 칩을 받지 않도록 가르치고, 믿음으로 승리하도록 가르치는 것이 더 나을 것이다.

우리 성도들은 잘못된 배도적 가르침에 미혹되면 안 된다. 사람의 말을 믿지 말고, 성경을 믿어야 한다. 성경은 마지막 시대에 나타날 짐승의 표를 절대 받지 말 것을 강력하게 권고한다. 받아선 안 된다. 아무리 달콤한 유혹으로 다가온다 하더라도, 혹은 아무리 힘들더라도, 이 칩을 받아선 안 된다.

성경은 지혜와 총명이 있으면 이 칩을 알 수 있다고 말씀한다. 이 말씀은 누구나 다 알아진다는 것이 아니다. 지혜와 총명이 없으

면 알 수 없다는 말이다.

짐승의 표에 대한 배도는 올바른 하나님의 지혜와 총명이 부족한 자들에 의해 진행될 것이고, 이들은 모두 짐승 정부의 수장인 사탄의 일에 협조하게 될 것이다. 이미 그런 일들은 일어나고 있다. 거룩한 하나님의 종인 것처럼, 하나님의 일꾼인 것처럼 나타나, 수많은 성도들을 배도의 자리로 이끌고 갈 것이다. 그러나 참된 하나님의 백성은 절대 이 칩을 받지 않을 것이고, 그에 대한 믿음의 준비를 갖추어갈 것이다.

하나님이 주시는 지혜와 총명이 없으면 바로 옆에서 이런 일들이 일어나도 보이지 않고 들리지 않는다. 자신의 개인적 사상이나 잘못된 가르침에 미혹되었기 때문이다. 짐승의 표가 상징이라거나, 이 표는 인류의 발전과 더불어 우리의 생활에 편리함을 더해주는 도구라고 가르치는 자들로부터 즉시 돌아서라. 그렇지 않으면 당신의 영혼이 위험해진다.

8

불편한 진실과
간곡히 드리는 당부

지금 우리 한국 교회는 심각한 위기에 직면해 있다. 문제가 무엇인지 알면 해결할 여지는 있다. 하지만 문제가 무엇인지 모른 채 이렇게 되어가고 있다. 뭔가 잘못된 것은 맞는데, 무엇이 잘못되었는지를 모른다. 모 방송국 대담 속에서 앵커가 이런 말 하는 것을 들었다. 교회가 사회를 염려하고 변화시키고 개혁시켜야 하는데, 오히려 사회가 교회를 염려하고, 사회가 교회를 변화시켜야 하는 역 현상이 일어나고 있다는 말이었다. 아주 무서운 말이다. 그리고 단순히 지나쳐 넘어갈 말도 아니다. 이미 교회의 부패와 타락은 그 정도를 넘어서, 이제는 사회가 교회를 염려해야 할 시점에 와 있다.

세계정부주의자들의 전략이 그대로 맞아떨어졌다. 서서히 정통 교회의 가치관과 교리들을 무너뜨리고, 거기에 새로운 변화의 마약을 넣어버렸다. 이제 한국 교회는 이 마약에 취하여 도무지 깨어날 기미가 보이지 않는다.

올바른 성도로서의 외적 경건의 삶은 자취를 감춘 지 오래다. 교회와 교회 간의 갈등, 성도와 성도 간의 갈등, 수많은 교회의 분열 같은 일들이 너무 사소한 일이 되어 놀랍지도 않다. 그리고 바르게 될 것이라는 기대도 되지 않는다.

현시대와 맞지 않다고 여겨 청년들이 교회를 떠나기 때문에, 그들을 붙잡아두고 교회에 새로운 활력을 불어넣기 위해 도입된 비성경적 프로그램들이 우리 교회를 망쳐버렸다. 성도의 올바른 신앙적 삶을 빼앗아버렸다. 활력 있고 생기 있어 보이는 모든 프로그램들이 결국 성경 중심의 성도들의 삶을 무참히 파괴하고 말았다.

사탄이 박장대소하고, 세계정부주의자들은 무너져가는 교회의 모습을 보면서 음흉한 미소를 짓는다. 이제 저들은 우리의 계획에 동참할 수밖에 없다고 하면서, 종교 통합의 고삐를 늦추지 않는다.

주의 백성들이여, 당신의 주위를 자세히 살펴라. 주님 오실 때가 멀지 않았다. 당신도 느끼고 있지 않는가. 내가 지금 올바른 신앙의 길을 걸어가고 있는지. 아니면 그렇게 하려고 애나 쓰는지. 우리 교회의 배도적 모습을 제대로 보고나 있는지. 무서운 신사도적, 사탄적 프로그램을 교회에 도입하여 성도들을 미혹하고 있는데도 전혀 알지 못하고 있지는 않은지.

우리 주님께서는 자신이 오실 때 거짓 선지자들을 조심하라고 당부하셨다. 많은 사람이 내 이름으로 와서 표적과 기사를 행하며 성도들을 미혹할 것이라는 말씀. 지금 나는 이 거짓 선지자에게 미혹되어 바른 복음을 버리고 거짓 선지자의 조력자로서 도움을 주고 있지는 않은지. 사도 바울은 데살로니가후서 2장을 통해 종말에 관한 교훈을 말하면서 다음과 같은 무서운 말을 덧붙이고 있음을 잊어선 안 된다.

악한 자의 임함은 사단의 역사를 따라 모든 능력과 표적과 거짓 기적과 (살후 2:9)

이 시대 배교의 거대한 물결을 우리가 되돌릴 순 없지만, 우리 스스로 노력하면 자신의 믿음은 지켜갈 수 있다. 여기저기 나타나는 거짓 미혹이나 표적에 속지 말고 오직 성경 중심의 신앙으로 돌아가, 초대교회 주의 성도들처럼 환난과 고난 가운데 승리하는 신앙인이 되어야 한다.

성경 중심의 가르침과 올바른 전통교회의 모습을 갖고 교회를 하다 보면 좀 더딘 것 같다. 성장이 안 되는 것 같다. 고리타분하고 지겹고 재미없는 것 같다. 성도들은 열정이 없는 것 같다. 그러다 보니 욕심이 앞서 뭔가를 시도한다. 교회의 변화를 시도하려고 여러 교회성장 프로그램들을 들여온다. 그리고 시도해보니 효과가 나타나는 것 같고, 교회가 새로운 생기로 가득 차는 것 같다. 흥겨운 리듬 속에 불리는 찬양들이 하나님의 보좌를 움직이는 것 같고, 성령의 능력을 끌어오는 것 같다. 강단에서 터져나오는 실용주의적 설교들과 세상적 복을 비는 말들이 정말 살아 있는 하나님의 말씀 같다.

'그래, 우리 믿는 사람들이 잘되어야 해. 그리고 복을 많이 받아 믿지 않는 자들을 정복하고 지배해야 해. 재정의 축복권을 우리가 받아야 해.'

듣기 좋은 말이다. 그러나 조심하라. 이런 말을 자꾸 듣다 보면 당신의 영혼은 당신도 모르는 순간 세속화되고, 세계정부주의자들의 꼭두각시가 되고 만다. 은연중에 없는 자들을 무시하게 되고, 작은 교회들은 하나님이 역사하지 않는 교회처럼 보인다. 자신의 잘못된 신앙을 지적하는 자들을 향해 영적으로 무지한 자라고 스스로 판단한다. 거짓 교회성장에 미혹되어 무조건 사람들을 교회에 채우려는 거짓 열심이 가득 차게 되고, 심지어 조그마한 교회의 성도들마저 감언이설로 속여 성도들을 미혹해 데려간다. 우리 교회는 당신이 만족할 만한 것들을 다 갖추고 있다고 유혹해 성도들을 미혹시키면서, 자신이 '전도왕'이라고 스스로 감탄해 마지않는다.

뭔가 교회 일은 열심히 하는 것 같고 나름 최선을 다하는 것 같은데, 자신의 변화는 전혀 일어나지 않는다. 교회 가면 주의 영이 역사하는 것 같은데, 밖에 나오면 세상 사람들과 다를 바 없이 행동한다. 이미 잘못된 세속주의적 거짓 가르침에 미혹되었기 때문이다.

주의 영에 의해 인도되는 사람은 마음과 생각이 바뀌고 행동이 바뀐다. 그리고 이것이 습관화되어 그리스도인다운 삶의 모습이 나오게 된다. 좀 느린 것 같아 보여도 말이다.

목회자는 거짓 가르침으로 성도들을 미혹하고 성도들은 그것을 좋아하기 때문에 오늘날 교회의 부패 현상이 나타났다. 비성경적인 배도의 프로그램들이 성도의 올바른 성경적 판단력을 마비시켰기 때문에 일어난 일이다.

노파심에서 자꾸 하던 말을 반복하는 것 같아 정말 죄송한 마음이 든다. 우리 주님께서는 다음과 같이 우리에게 말씀하신다.

내 백성아, 거기에서 나오라 (계 18:4)

과감한 결단이 필요하다. 목회자는 세속적 모든 부귀나 영화, 거대한 외적 교회성장의 헛된 꿈을 버리고, 성도는 성도로서의 신앙적 위치로 돌아와야 한다. 물론 불가능하겠지만, 그래도 진실한 주의 백성들에게 호소해본다.

바른 성경의 가르침으로 돌아와야 한다. 성경을 바로 알지 못하면 모든 것이 무너진다. 교회도, 목회자도, 성도도 무너진다. 성경의 가르침을 바로 알고 있으면 돌아올 여지가 있지만, 성경의 가르침을 잘못 알고 있다면 돌아올 여지가 없다. 잘못된 비성경적 가르침으로부터 돌아서거나 떠나라. 그리고 성경 중심의 올바른 가르침으로 돌아오라. 그러면 살게 된다.

글을 맺으며

좀 더 자세한 내용상의 설명이 필요한데, 그렇지 못해서 아쉬움이 많이 남는다. 너무 분량이 방대해질 것 같아 적당한 선에서 마무리할 수밖에 없는 아픔이 있다.

구원에 관련한 성경의 올바른 가르침, 행위 구원을 가르치는 듯한 내용에 대한 올바른 성경적 분석, 그리고 올바른 성경 해석을 위한 안내와 마지막 시대의 배도를 주도하는 여러 인물이나 단체들에 대한 성경적 해부들을 좀 더 해야 했는데 하지 못했다.

무서운 사단의 도전이 우리 교회와 성도들을 경악시키고 있다. 전혀 도전이 아닌 듯이 도전해 오고, 전혀 핍박이나 박해가 아닌 듯이 핍박과 박해를 해오며, 아주 세속적이면서도 전혀 세속적이 아닌 것 같은 착각 속으로 우리를 몰아간다. 교회나 성도들이 세상과 동화되고, 세상의 일들은 이미 교회의 한 부분처럼 우리 교회와 성도들을 최면시켜버렸다.

필자는 이 시대를 비판하거나 논할 만한 자질이나 자격이 없는 사람이다. 필자 자신도 죄인 중에 괴수와 같은 자이기 때문이다. 그러나 너무 안타까워 이렇게 다시 글을 써 본다.

시대의 끝을 향해 달려가는 이 시대, 거대한 배도의 물결 속에 무너지는 교회와 성도들을 바라보며 울 줄 아는 주의 백성 되어, 미혹되어가는 우리 교회와 성도들, 그리고 나 자신을 주의 거룩한 말씀으로 다시 되돌려 세워, 시대의 도전을 이겨보자.

이 책이 나오기까지 기도해주시고 도움을 주신 여러분들께 감사를 드린다. 특히 이 책의 교정을 위해 수고해주신 소망기도원 이광일 목사님과 하나님을 신실히 섬기는 전의련 권사님께 감사드린다.

이 책을 접한 주의 진실한 백성들에게 주님의 가호가 언제나 함께하길 기원한다.